逆向管理

成为上司器重的稀缺型员工

罗 澜◎著

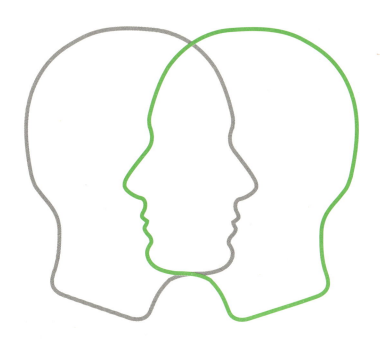

電子工業出版社·
Publishing House of Electronics Industry
北京·BEIJING

图书在版编目（CIP）数据

逆向管理：成为上司器重的稀缺型员工/罗澜著. —北京：电子工业出版社，2022.3

ISBN 978-7-121-42709-1

Ⅰ．①逆… Ⅱ．①罗… Ⅲ．①企业管理－通俗读物 Ⅳ．①F272-49

中国版本图书馆CIP数据核字（2022）第016164号

责任编辑：郑志宁
文字编辑：杜 皎
印　　刷：天津千鹤文化传播有限公司
装　　订：天津千鹤文化传播有限公司
出版发行：电子工业出版社
　　　　　北京市海淀区万寿路173信箱　　邮编：100036
开　　本：880×1230　1/32　印张：7.25　字数：143千字
版　　次：2022年3月第1版
印　　次：2022年3月第1次印刷
定　　价：88.00元

凡所购买电子工业出版社图书有缺损问题，请向购买书店调换。若书店售缺，请与本社发行部联系，联系及邮购电话：（010）88254888，88258888。

质量投诉请发邮件至zlts@phei.com.cn，盗版侵权举报请发邮件至dbqq@phei.com.cn。

本书咨询联系方式：（010）88254210，influence@phei.com.cn，微信号：yingxianglibook。

人、管理、组织

曾经看到过一幅漫画，画面上一位逆行的司机，看着迎面飞驰而来的一辆辆汽车，满脸疑惑：今天怎么大家都在逆行？他没有意识到的是，别人都在正常行驶，真正逆行的恰恰是他自己。

职场中的有些人与漫画中的这位司机很相似。

有的人抱怨自己找错了工作单位，事事不称心，一心想换个地方；有的人换了一个又一个工作，却一直找不到"称心如意"的单位；有的人觉得同事不好相处，自己的一片好心换不来一点好报；有的人觉得别人都不能理解自己，整日里怨声不绝；有的人埋怨碰上了一个事事挑剔的领导，换到另一个部门，新领导还是如此。这种种抱怨使他孑然一身，甚至向隅而泣。这种种抱怨，影响的不仅是自己，也影响到周围的人。

在这些人看来，似乎错的都是别人，而自己是那个被冤枉的好人。实际上，他们都深深地陷入了认知上的误区。

一

从人类的历史看，无论是原始社会的部落，还是工业革命时期的工厂，一直到现代社会中的各类组织——企业、学校、医院等，它们的存在及其管理，都是为人的目标服务的，管理工作也是因为需要对许多人进行协调而产生的。没有人就无所谓管理，如果人与人之间用不着合作，也就用不着管理。人、人性及人的合作性是管理的基础与本性，丢掉人性与合作性去谈管理，就是管理的迷失。

职场中人必须认识到，离开"人"这个基础与本性，管理就一定会成为束缚"人"的自主性和创造性的桎梏。因此，组织的功能就是让平凡的人在一起做出不平凡的事情来。所以，管理不是"管理"人，而是"领导"人。

管理的本质是什么？管理的"道"在哪里？现在我们讲管理，学管理，就要弄明白管理的本质究竟是什么。从表面上看，管理最终是要看到结果的，而这个结果是"人"做出来的。因此，管理的成功是管理者的成功，管理的失败也是管理者的失败。所以，管理的第一个基本原则就是，管理是关于人的。要理解管理之道，就不得不研究人与人性。从本质上说，管理就是要充分发挥人的潜能去完成各种工作，要尽力激发人性中善的一面。

德鲁克总结了管理的七条原则，其中的第一条就是：管理是关于人的。

管理者要使自己及员工都意识到，每个人都愿意受到别人的尊重、都愿意看到自己能够在工作中有所成就；每个人也都愿意享受自主选择的权利，有享受自由的权利；每个人都愿意活得有尊严，活得有意义。这些都是管理者必须看到的人性中的基本面。

德鲁克的管理学理论之所以能够得到广泛认可，是因为它是建立在对人性的认识和分析之上的。但是，德鲁克并没有简单地同意或者不同意"性本善"或"性本恶"的说法，也没有提出一个标新立异的对人性的创新说法，而是认识到人性中有光明的一面，也有阴暗的一面。他坚信，只要管理得当，人性中光明的一面能够得以发挥，而阴暗的一面也可以通过管理而失去表现的机会。

德鲁克坚信，人有能力应付各种复杂的情况，也有能力管理好复杂的组织。他在坚信人各有长处的同时，也看到了人性中的弱点，特别是人性中的"贪婪"和"对权力的欲望"。要想使人有所成就，让组织有绩效，除要求管理者必须正直之外，还要求组织有合适的架构和制度，以对抗人性中的弱点，弱化人性中阴暗的一面。

但是，人性中除有弱点以外，更重要的是有光明的一面，管理需要加以发扬并使之产生生产力。德鲁克强调用人之长、强调人的自我控制（特别是关于知识工作者管理的论述）等都是基于这一点。我们经常说管理要调动人的积极一面，要发扬人性中光明的一面，也是指这一点。

二

现代社会是一个组织化的社会。

作为人类行动的一种形式，"组织"这个词已经成为现代社会中无法避免的现实存在。"组织"无处不在，任何人都不能不与它打交道。

一个人，除了他的家人，和他相处时间最长的恐怕就是"组织"里的同事了。这个人工作的"组织"，在很大程度上决定了他的成就感和幸福感。他工作的这个"组织"被管理好了，他的绩效上去了，生活也将随之得到改善。因此，可以说，"组织"管理的好坏，影响个人的生活。

每个职场中人都应该相信，组织中的每个人都希望组织能够健康生存和发展，你与上司、同事、下属都希望自己做出绩效，都在为组织的绩效和成果努力。每个职场中人也应该意识到：一方面，组织需要你为它做出绩效和贡献；另一方面，你也需要组织去实现自己的梦想。这是每个职场中人都必须认识到的两个基本现实。

如果一个人认为只有自己在为企业的绩效努力工作，而不相信上司、同事和下属都想把这个组织搞好，他就不可能与其他人合作好；如果一个人不能理解人与组织有着相互依存的关系，在组织中同样也很难与他人相处。

与人相处，也就是我们经常说的人际关系，在职场中有着特殊的含义。按照德鲁克的说法，良好的人际关系的唯一的正确定义就是能够使工作卓有成效、能够提高生产率的关系。一个人并非有与人相处的天赋，才能有良好的人际关系；一个人有良好的人际关系，是因为他能够在与别人的相处中注重付出，这种关系能使工作有成效。

上司也是人，在与上司相处的过程中，不要忘了人性的基本面：上司也需要得到尊重，需要有成就感；上司同样有享受自由的权利，也有选择的自由；上司同样要活得有尊严、活得有意义。认识到这些，有助于你在职场中与上司相处。

具体说来，怎样与上司相处呢？或者说，怎样"辅佐上司"呢？

10年前，罗澜女士出版了《辅佐上司 成就自己》一书。10年后，她又为我们献上该书的第二版《逆向管理：成为上司器重的稀缺型员工》。在本书中，她告诉我们，在职场中开展工作，其实就是与人打交道。她还告诉我们，在与上级相处时，不仅要用心，更要讲策略。当然，她还告诉我们很多与上司相处的技巧。例如：尊重上级，赢得信任；不给上级意外的"惊喜"；让上级按照自己的方式行事。相信这本新书将会帮助读者学会如何与上级正确相处，正确认识职场中的人际关系，在为组织做出贡献的同时，实现自己的人生梦想。

——彼得·德鲁克管理学院原副院长　黄建东

不可或缺的职场宝典

领导力培养是企业管理咨询的一个重要分支，在这个行业中，罗澜是我见过的以专注务实闻名的从业者。她精于学习，并习惯从问题出发来发掘解决方案。她勤于写作，逐步总结形成了自己的管理理念和人才培养方法。"辅佐上级成就自己"是罗澜的一门特色课程，也是领导力修炼的一个细分学科。这个学科在国内的专著比较少，但确实非常重要。基于这个特色课程，罗老师总结提炼并写作了《逆向管理》一书。

领导力培养这一学科的起源是美国，美国学界对领导力的研究来自企业的实践。彼得·德鲁克本人的管理理论就是观察了成百上千的企业管理者的行为和成果后逐步形成的。美国企业管理文化是CEO文化，在通常情况下，以公司CEO为代表的管理者群体对经营结果（尤其是短期结果）的追求很极端，企业领导风格也多是以压任务和催进度为特色。这类风格很大程度上体现为直接和粗鲁。这也是美国管理学界推崇领导力教育的发源。在传统的领导力发展系统中，领导力被细分为自我领导力（向内管理）、团队领导力（向下管理）和业务领导力（向外管理）三个方面。而"逆向管理"作为一个衍生领域，其涵盖的能力综合了前面三个方面的行为与技能。

管理是通过组织和调动资源，推动团队成员完成目标。管理行为在组织中每时每处都在发生。每个团队成员身处组织中，自身是管理者，同时也是被管理者。在这样的组织环境中，管理和被管理角色相互交错并行。想成为组织中卓有成效的一员，团队成员需要积极应对不同角色承载的使命和任务，调整自身的行为和表现。在我的印象中，身处错综复杂的管理关系之中，逆向管理的能力其实更难修炼，这也许是罗老师将其定义为"逆向管理"的一个原因。

国内的企业环境比美国更加复杂多变，逆向管理也就显得更加有挑战性，并且更有必要。即便面对很多职场老兵，如果不加解释的话，他们也会将逆向管理误解为附和、讨好领导，铺就自己的上升之路。简单看来，个人与上级和谐一致，扫清向上成长的障碍，在方向上没有问题，但手段与目标并非总是一致的，有时其至背道而驰。在领导力成长的实践案例中，我们看到了太多逆向管理的陷阱。

罗澜通过多年的管理实战和咨询经验，在这本书中深刻揭示了逆向管理的底层逻辑，其实这是人与自己、人与他人、人与世界的关系在人性中的多面呈现。在组织中，上下同欲，协助上级有助于实现自己的目标，提升自身的职场竞争力，利他就是最大的利己。

此外，罗澜还将逆向管理面临的挑战和所需的关键能力逐一解读，有助于职场人落地实践。我郑重推荐此书，它将是你不可或缺的职场宝典。

——原光辉国际高级合伙人，组织领导力培养专家　田文智

逆向管理，成就最好的自己

逆向管理，按照我们东方人的思维习惯，可以将其理解为辅佐上级。辅佐上级的根本目的是成就最好的自己，不是单纯为上级服务。

2007年年初，我在中国彼得·德鲁克管理学院开始研究与讲授这个课题，课题的出处是彼得·德鲁克在《卓有成效的管理者》一书中提到的"逆向管理"。在当时，多数职场中人是接受不了"管理上级"这一说法的。

儒家思想对中国人有很重要的影响。谈起历史上的一些著名人物，我们习惯的说法是：诸葛亮辅佐刘备，韩信辅佐刘邦。诸葛亮和韩信所做的其实就是逆向管理，不是上级对下属的常规管理，而是下属对上级的管理。

在职场中，完成绩效目标就可以拿到工资和奖金了，为什么还要想着去做逆向管理呢？作为涉世不深的职场中人，你也许会有这样的想法。

几年前，中央电视台的一个专题调查，就已经告诉了我们答案。中央电视台调查的对象是在劳动力市场找工作的白领，得出的结论是：80%的白领离职的原因是与上级的关系处理不好。换言之，对他们而言，不是公司不好，不是产品不好，更不是选择的行业有问题，而是因为人。

在职场中工作，其实就是与人打交道。对你来讲，最重要的就是上级。

你的权力一般没有上级大，你的资源也许没有上级多，甚至你掌握的信息也比上级少，可是如果你想与他人协作并完成绩效目标，最能帮你的就是上级。

你根本无法回避或忽略这层关系。当然，或许现在的你，正好在这个问题上有困扰。你正在感慨如何不幸，遇人不淑，上级在你这个"强将"的眼里，非常无能。你甚至觉得他有些时候碍手碍脚，影响你的工作。

这样的职场中人，在以往的课堂上屡见不鲜，他们的脸上统一写满了自信与骄傲。可惜的是，这对他们未来的成长只有阻碍。

无论上级能力如何，作为下属，永远不可能与上级在一个平台上看风景。所以，我特别反对有些专家，告诉你如何换位思考。换位思考只适用于平级之间，而非上下级之间。

简单打个比喻吧，你更容易理解。下级的工作位置就好比在大厦的一层，上级的工作位置好比在十层。试想一下，他们的眼界与视野能一样吗？他们掌握的信息对等吗？他们看到的问题相同吗？他们对工作内容与任务的理解一致吗？他们心中的目标及目标的优先级都是有差别的，怎么能真正地换位思考呢？

特殊身份与位置造成的障碍，根本无法用单纯的沟通方法去解决。

那么，这本书主要想教给你一些什么呢？我多年从事管理咨询工作，也曾在外资企业与国资企业工作过多年，至今已有二十多年的工作经历（距离我的第一本书《辅佐上级、成就自己》的出版已有10年）。在此期间，我看到过太多的职场中人。请注意，我没有在这里将本书的读者对象简单定义为年轻人。事实上，很多在职场上打拼多年的人，在这方面仍存在困惑与焦虑。

适合此书的读者，可以被简单概括为两类人：一类是没有这个意识的人。他们一直生长在阳光下，有个性，没有遭遇过挫折与失败。他们相信，未来依靠自己努力去创造，而不是依靠其他人。他们坚信"打铁还须自身硬"，只要自己厉害就够了。另一类是没有这个能力的人，不懂方法，甚至不屑此道。这种人无论在工作中付出多少辛苦，都无法得到上级的赏识与认可。对他们来说，工作常有，但升职加薪的机会没有。这就是人们经常说的职场"老黄牛"。

在处理与上级的关系时，你不仅需要有心，更需要讲策略。蛮干就是反复试错，终不能成功。要"投其所好"，更要有规划，要考虑人性的普遍特征，更要考虑个性的偏好，运用管理学和社会学方面的知识。

在本书里，我不会教你唯唯诺诺，这样的做法我不赞赏，更不主张通过对抗取得"胜利"，因为这种"胜利"不会长久。

孙子言："上下同欲者胜。"任何事情，大家齐心协力才能取得成功。齐心协力，就是心要往一处想，劲要往一处使。从心理学的角度讲，任何人都可以被理解，大家彼此认同，最终就容易走到一起。

为达到这个目的，本书教给大家一套"组合拳"。

首先，学会了解上级，看懂上级。"知彼知己"，把对方放在前面。你对上级的情况一头雾水，怎么可能与上级搞好关系呢？当然，了解一个人本来就不容易，要从表象到内在进行考量，从日常行为到具体事例进行评判等，都是要有方法的。有方法之后，操作起来就会变得容易。

其次，要对自己的工作和事业有目标与规划。从短期考虑，自我认知与上级达成一致；从长期看，不单纯紧盯上级，而是站在发展的角度，从认知自我到规划管理，最终扩展你的职场影响力。

你要有"成长性"思维，不做"战略上的矮子、战术上的巨人"。你要有自我意识，让自己的社交能力持续提升。当然，你也可以认为这属于情商的范畴。

按照情商之父丹尼尔·戈尔曼的理论，情商是从小在家庭环境中培养出来的，是对情绪的处理能力。与人交往，我们表现如何，在职场里是否可以处理好与他人的关系，都会体现出情商的"高或低"。

现在有很多人，一旦处理事情不当，便习惯将责任推给"原生家庭"。坦白讲，原来如何并不重要，重要的是你在学习中有所成长。

最后，有一些不得不守的规则，你可以将其作为日常生活的行动指南。随着社会进步与文化的发展，人们开始崇尚个性，而在这里所讲的规则，无疑会被一些人认为不合时宜。

儒家思想深深影响了中国人，从我们出生，长辈就开始教育我们，对上要尊敬，对下要爱护，对某某要怎么称呼，对某某要用怎样的礼节。

这些规则从来都不会因为时代改变而变得过时。例如，西方人重视"贵族"。贵族有礼节，有分寸，有教养。而这些与我们讲的儒家思想，看起来同出一辙。

人们都喜欢有礼貌、有分寸、活得"讲究"的人，这一点从来都不分国界。既然如此，我们为什么不去学习并遵守这些规则呢？

除此之外，你还要掌握职场的文化与特点，最终实现"步步为赢"。

你可以根据个人需要阅读此书。如果对这个问题充满困惑，我建议通篇去读，把重点放在第二章至第五章。如果你面对上级不知所措，可以把重点放在第二章；如果自我迷失方向，可以去读第三章和第四章；如果希望全面了解，还是建议你精读此书。

实话讲，写书是一个费心费力的过程，远不如讲课容易。

时代的进步使很多年轻人可以通过自己的专业能力取得成功。这只是极为浅显的表象，而个性十足的人更容易在这个问题上栽跟头。

很多中小企业培训的机会较少，或根本没有。我特别希望，本书可以让更多的、很难学习到我的课程的朋友看到，增加辅佐上级的意识，学到其中的方法。经过学习，大家日后就不会在这个问题上犯错误或存有困扰了。

一个人的价值，就是对他人有用。假如你从本书得到启发，掌握新方法，或者拓展了思路，那必然是我的荣幸。

感谢你耐心阅读。谨将此书献给那些在岗位上兢兢业业工作的人。我的一切努力，只为成就更好的你!

目录

第3章

让你的预期与上级的期望完美重合　/ 053

第4章

有效的逆向管理能超越预期地解决问题　/ 099

第 **1** 章

逆向管理能够有效
解决问题

逆向管理就是下级对上级的"辅佐"。在你看到此书之前，如果从来没有考虑过这方面的问题，更不要说为此心烦意乱，那么我要恭喜你。

如果你因为这方面的问题饱受困扰，为日后在职场中顺利发展，实现你的梦想，那你现在就应该开始学习并做好充分的准备。以后在此问题上，你不用再走弯道，可轻松应对。

对于多数职场中人来说，"逆向管理"是除个人专业之外，最重要的能力——辅佐上级的能力。只有用心辅佐上级，你取得成功的概率才会加大。

当然，这绝对不是说只有员工才需要学习。在组织中，每个人都需要具备逆向管理的能力。

这要从组织、上级、个人三个角度来解读。

一、从组织角度来讲，下属需要辅佐上级，因为双方需要完成共同的目标

任何组织只有一个统一的目标，就是组织的总目标。为完成总目标，组织中的每个层级都要以总目标为准，而非仅考虑自己的目标。

你可能不理解，我平日只考虑自己的目标，也没什么问题呀？是啊，组织里的多数员工只关注自己，看起来没有什么不妥。但

是，请你试着把自己放在更高的职位上，去系统地思考问题。你要全面看待组织里的所有环节、所有岗位和所有员工。

如果每一位员工只考虑自己，并在自己的专业上追求极致与完美，那组织的总目标是不可能实现的。在组织中，每个岗位的设置都有原因，具有一定的功能和价值。从总体来讲，要完成组织总任务，要协调各部门、各岗位。从专业角度来讲，这其中一定会存在妥协。

这种妥协，不一定为精益求精，而是根据组织需要去进行的，适度最为重要。无论你是员工还是管理者，都无一例外要遵守规则，从向上看齐到逆向管理。

在组织结构中，下属与上级的工作目标存在两种形式。

一种形式是上下级之间目标一致，这种形式常见于职能部门。

例如：这个项目，针对我们行政部，要在本月底前完成，并呈报总裁办公室。

无论你是部门里的小A还是小B，包括部门负责人，目标都是一致的。这个目标通常无法用数量表示，而是用时间节点和质量来表示。

另外一种形式，就是下属的目标被包括在上级的目标里。这也是最常见的形式。

例如：上级的目标是收入1000万元，下属张三负责收入200万元，李四负责收入300万元，还有王五、马六等下属。所有下属的总体目标就是上级的目标。

基于目标管理的特有形式，彼得·德鲁克说："企业管理也可以被称为目标管理。"

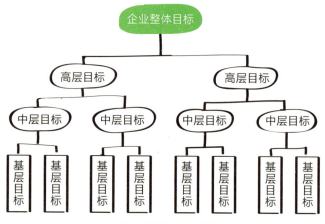

企业目标管理中的层级

在目标管理中，下属为完成目标，一定要去辅佐上级，这个上级无论是谁，都需要辅佐。员工要"辅佐"基层，在工作中遇到问题，可以得到有效帮助与解决。基层要"辅佐"中层，使一线的实际问题与困难，能够得到有效解决。中层要"辅佐"高层，了解并传达组织战略，从而适度得到资源的调配。每一层都

要向上看。

二、从上级角度来讲，上级希望获得下属的支持，共同取得业绩；同时，上级也需要获得安全感与满足感

人们现在不仅需要通过工作获得薪水，也需要获得尊重与自信。同时，处于管理职位，对一个人的职业发展会有所促进。如果因此达成所愿，获得幸福感将不言而喻。请注意，上级是通过他人努力工作而取得成功的人，而非通过自己的直接工作。

三、从个人角度来讲，你的短期收益就是薪水，你的钱袋会因此膨胀起来

你的长期收益是有远大的前途，因为有上级协助，显然你比一个人单打独斗强多了。同事都有自己的判断能力，当你的逆向管理能力在团队中有突出表现时，你在团队中的影响力也会增加。同事会因你的沟通能力强、能够得到上级帮助而称赞你，你在工作中的幸福指数得到提升，你也会因此越发自信，形成正向循环。长此以往，你会得到更多人的认可。

从上面所讲的三个角度，最终形成的是双方共赢的局面。而要形成这样的局面，只有你"看见"并行动，才有可能实现。你不能只停留在认知层面，而要真正行动起来。最重要的是，你要让上级看到你在努力、在行动。

职场环境复杂，人性各异

现在的职场环境已经发生了翻天覆地的变化，与20世纪人们熟知的职场环境早已经不可同日而语。现在的组织越发变得庞大，人际关系错综复杂。在这种情况下，表现最为明显的，就是员工的个人技术或专业能力普遍都有了大幅提升。

现在，人们的物质生活水平相对较高，不再为温饱发愁，在精神上更加追求个性发展。

对国内占大多数的中小企业或以项目组为结算单位的组织而言，由于组织结构简单，人手相对较少，在彼此了解、沟通畅通的情况下，创新变得容易。

对大企业或大型组织机构来讲，员工如何团结一致，激发创新能力，是让领导最头疼的问题。

对具体个人来说，得到顶级上司的认可，将成为前所未有的挑战。

让我们看一个例子。

格力电器有一位非常了不起的领袖人物，就是董明珠。董明珠在20世纪80年代加入格力电器（当时叫海利空调厂）。当时的

格力电器还只是一个地方上的小企业，企业负责人叫朱江洪。董明珠到公司的第一天，就是企业最高领导朱江洪进行面试并给她安排工作的。在这之后，她一路晋升到总裁，都离不开朱江洪的培养与提携。

那时候，格力电器这样的公司组织结构非常简单。企业最高领导负责公司内某一块业务（财务或营销居多），员工的学历普遍不高，公司产品单一，客户要求也不多，业务涉及区域很少。

在这样的组织环境中，普通员工或领导，每天说什么或做什么，大家有目共睹，彼此之间没有太多的秘密。在这样相对开放的沟通环境中，人们看问题的角度很容易达成一致。同时，这种环境对人际能力的挑战相对较小。董明珠进入公司，通过努力工作，得到了上级赏识和提拔。

而在现代组织结构里，企业最高领导已经不再负责某块业务，更多的是对整体组织进行管理，基层员工平时很难见到企业最高领导。公司的人际关系复杂而多变，同事的学历都非常高（有本科生，有硕士，还有博士与博士后，越是效益好的组织，人才招聘要求越高，这在现代组织中已经成为一种趋势）。这些学历高的员工，我们可以将其称为"知识型工作者"。20世纪50年代，彼得·德鲁克在他著名的《管理的实践》一书中，首次提出"知

识型工作者"一词。今天，我国的知识型工作者在职场中已经数不胜数。

小组织和现代组织结构如下面两幅图所示。

小组织结构

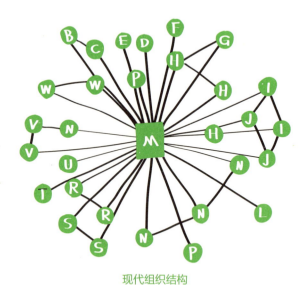

现代组织结构

知识型工作者都有自己的专长，依靠专业技术取得职场中的一席之地。他们对问题的理解，往往是由岗位与专业决定的，相互间存在很大的差异。

有些绩效较好的组织，业务辐射的区域很广，已经不分国界，其雇用的知识型员工也不再局限于一个国家。员工对业务或产品的认知不同，负责的工作不同，所在地域不同，甚至语言不同，而大家都是在一个"中央集团"之内，受上级协调与管控，员工间的依赖关系很强。如果你希望在这样的组织中脱颖而出，那么比身处以往的小组织时更加困难。

让我们看一个例子。

美国通用电气公司的创始人是爱迪生。爱迪生在企业界最有名的不是发明灯泡，而是购买新产品的专利，尤其是未上市的产品。某项发明一旦试验成功，爱迪生就会出高价把专利买过来。

在历史上，爱迪生是一位杰出的企业家。在爱迪生离世之前，通用电气已经拥有了1000多项专利产品，但均未上市。所以，通用电气公司从来不缺项目，反而常常因为项目多，所涉领域广、区域大，专业人才多种多样，而变得管理难度过高。

被业内称为"世界第一首席执行官"的杰克·韦尔奇，在通用电气公司工作了一辈子。他从大学毕业进入通用电气公司做工程师，从事过很多工作。在工程师之后，他做过研究所负责人，担任过新塑料厂业务负责人，后来担任化学冶金部门主管、综合业务部执行官、消费品业务部负责人，最后担任通用电气公司的首席执行官。

在整体的职业升迁中，杰克·韦尔奇遇到的是不同专业、不同特点、不同秉性与偏好的上级。作为下属，韦尔奇辅佐上级的能力需要特别强。倘若在某个事业部门或某个层级上，与上级的关系出现问题，他就不会顺利取得后来的成就。

显然，在这样的组织环境里，对每个职场中人来讲，不能单纯考虑自我，而要弄清组织的特点、系统思考问题，才能与上级的意见达成一致，最终与上级形成默契。

晋升务必具备三个条件

进入职场的第一天，我们就希望通过自身努力得到晋升。但随着工作年限的增长，晋升对我们而言，好像没那么容易。于是，我们渐渐地习惯了一切。在现有岗位上，能不能得到晋升、做出什么样的成绩才能晋升，我们已经不再想花时间思考这些问题了。

在某一时刻，我们甚至想要逃避这些问题。偶尔得知身边的同事得到提拔，我们的内心深处仍然会有一点点波澜。这时或有委屈，或有抱怨，但说到底要怨自己没有认真面对。

于是，我们继续像老黄牛一样勤勤恳恳地工作，以为时间久了就会得到提拔，最终一切只是枉然。醒醒吧，任何事情没有规划，都很难自然而然成功。说句调侃的话，对成年人来讲，最容易实现的就是身上的脂肪在日渐增加，除此无他。

在职场中，如果你希望得到晋升，通常需要同时具备三个条件才能实现。

一、个人表现

我相信多数人在这点上做得都很好，足够努力。大家每天夜以继日地工作，最终完成工作目标。但个人表现不仅包括完成目标，还包括日常与同事间的合作关系，如遇到危难时挺身而出，工作积极，认真主动。这些都应该让同事看到，让大家了解，而不只是让上级知晓，要众所周知。在大型企业，我们常常会说，这是群众基础。

有了群众基础，你就有了隐形后盾。在上级有意关照你时，不会有人跳出来反对；在你得到上级奖励时，不会有人表示不满。所以，这一点看起来无关痛痒，实则举足轻重。

二、机遇——组织新增职位或某个职位出现空缺

新增职位，往往是因为组织要发展，所以扩展了组织架构，增加了管理岗位。这个时候，你的日常表现好，就有填补上一级职位空缺的可能。

职位空缺，顾名思义，就是身处原有职位的人离开了，有了空缺。格力电器的经营部部长曾经带人集体跳槽，创维营销部负责人曾经带团队一起去了别的公司。当这些跳槽的管理者离开时，职位便产生了空缺。如果当时你没有离开并且日常表现很好，就有可能被晋升。当年在江苏市场做了四年销售工作的董明珠，也是因为这个原因，被提拔为经营部副部长。

三、同组织的目标一致，成为组织中的得力干将

成为组织中的得力干将，可不是那么容易的事。你不仅在工作中要有超常的表现，完成公司下达的绩效目标，还要考虑部门的目标与部门对你的工作要求。

你在自己的岗位上看待工作，容易关注细节，专注于自己认为正确的事情。这些所谓正确的事情，并不一定是对组织的整体目标有帮助的。

从组织的战略或部门的目标出发，来看待你的工作，与前者一定会存在差异。平时这种差异或许很小，但在关键时刻，尤其涉及工作内容的主次安排上，差异会放大。

我们来看一个案例。

小王在一家饮品公司工作，负责新品研发。他很满意现在的工作，所以工作非常投入。他的座右铭是：工作要产生特有的价值，研发一定要有自己的特色。

在专业上，他很少让步。他认为只有专业能力才能让自己立于不败之地，因此没少挨上级的批评。这一天，公司召开新品筹备座谈会。他的上级，也就是部门负责人，因为出差在外地，所以让他出席会议。会前，上级在电话里向他叮嘱，在发言时考虑部门整体目标，多加斟酌。

可是，等到他发言时，他还是如往常一样：坚持产品要引领时代，追求做行业内的标杆，不计投入。其他部门纷纷跳出来表示反对，因为这样做对企业整体目标没有任何帮助。最终，主持会议的领导让大家回去重新考虑，会议告一段落。

结果，小王被他的上级"教育"了，理由是太个人主义，不考虑整体。这样下去，无论研发出什么好产品都不可能成功上市，客户也不可能看到。

或许你会觉得小王没错，但小王的坚持只是在专业方面，而组织要追求发展，必须各部门通力合作。作为专业人才，追求在专业上进步没有错，但不考虑他人，不考虑与其他部门团结一致，这就是最大的问题。

那么，如何避免这种差异发生呢？在日常的工作中，下属需要具有很强的主动性，时常有意识地去了解组织战略与部门目标，分寸要拿捏到位，不要等到发现错误再去纠正。

当对整体的目标与工作要求不清楚时，应主动请示上级，搞清楚之后再去行动。

在以上三个条件中，你需要统筹考虑，不要只关注个人业绩目标，而要更系统全面地了解并掌握公司情况，做到心中有整体，手中有绩效。

逆向管理不等于拍马屁

在我刚开始研究逆向管理时，有同行好奇地问："如何拍上级的马屁？"这引发了我的深刻思考。

"拍马屁"是下属对上级阿谀奉承，甚至贬低自己，得到上级认可与欣赏，从而争取到更多的利益。此外，拍马屁常常被用来形容小人为一己私利歪曲事实，没有正直诚实的品格可言。请注意，这里讲的是为自己。

自古以来，这样的人物从未缺乏过。例如：秦始皇手下的赵高、乾隆皇帝手下的和珅，他们都是拍上级马屁的能手。

逆向管理讲的"辅佐上级"，强调辅佐，主要是指协助上级完成工作任务。其根本目的是为完成绩效目标，而不是为实现个人利益。换言之，你需要为完成共同的绩效目标，去辅佐上级，而非把上级当成与你私交很好或利益互换的同事。

辅佐上级不是拍马屁。在它们之间，最大的区别是：辅佐上级是为完成整体绩效目标，而拍马屁是为自己得到好处。

让我们看一个例子。

雍正皇帝继位不久，国库因为多年打仗被掏空，而大臣们多数是贪污腐败分子。雍正皇帝为此头疼不已。他不能把大部分臣子"干掉"，同时迫切需要可靠的下属。可是，他一时找不到这样的人，也想不到更好的办法。

一天，雍正皇帝在散步时不知不觉来到了户部（相当于今天的财政部），看到不远处有两个人在聊天。他认出其中一个人是户部的，另一个人不认识。

雍正皇帝躲在花丛后面，偷听两个人谈话。原来，他们在议论新皇帝上任之后，按规矩改变货币兑换标准，而新标准对老百姓很不公平。那个提出问题的人叫孙嘉淦。他正在向户部的人反映这个问题。

孙家淦敢于为百姓直言

雍正皇帝偷听完他们的谈话之后，从花丛中走出来，喊住了

将要离开的孙嘉淦。雍正皇帝认为，孙嘉淦能提出这样的问题，说明他想的是老百姓，而不是敷衍领导。此人不是只顾中饱私囊的贪官，一定是清正廉洁的。雍正皇帝特别开心，将孙嘉淦连升两级，专门去抓贪官。

以当时的局势，雍正皇帝很需要这样的大臣来辅佐他，而孙嘉淦不畏强权，不与腐败分子同流合污，是他一直渴望得到的人才。在辅佐上级的过程中，如果遇到上级做的事情不对，下属要说出来，其目的是为协助上级，而非纵容或隐瞒上级。孙嘉淦心里想的是，如何公平兑换货币，考虑的是老百姓的利益，如果他只考虑上级，就不会主动去户部反映问题了。他为的是整体目标——让国家越来越好。

而拍马屁的下属，看到上级做得不对，是不会说的。他的目的是为取悦上级，工作目标是否可以完成、绩效如何，他并不看重。对他们来说，这家企业垮了，换一家就好。

向上级拍马屁与辅佐上级的下属，有本质区别。从出发点、思维、心态到日常举止行为，每个耳聪目明的上级都能看得出来。只要你的方向没有错，就不必担心上级会看错你。

逆向管理能力的强弱决定你的层级

从小到大，相信你一定看过很多武打动作片。片中男主角的成长史通常是这样的：

男主角原本只是一位没有武功的普通人，在一个意外的场合搭救了险遭不测的世外高人。高人为回报男主角，收他为徒，开始传授他上乘武功。若干年后，学有所成的男主角开始在江湖上伸张正义，除暴安良。历经磨难与沧桑的男主角，最终成为武功盖世的一代高人。

在男主角没有遇见高人之前，他对于学武这件事情，既没有能力，也没有意识。这是他最初的级别。之后，在遇见高人那一刻，他惊讶地发现，原来世上还有这么厉害的人。一个人精通武功，可以打倒恶人，帮助好人，发挥很大的作用。这个时候，他就升到了第二层境界，也就是他有了意识，但没有能力。

在此之后，高人传授他武功，他努力练习，不断精进，在关键时刻能使用武功。这时，他就到了有能力、有意识的第三层境界。

最后，在江湖上行走的男主角，见识了很多的武术流派，不仅在自己所学的基础上精益求精，同时在与各流派高手的过招中，取长补短，不断优化自己的武功。这时的他就是所谓"心中有剑，手中无剑"。即使很久没有练习，一旦到关键时刻，他仍然可以随时出手。这是无意识、有能力的境界，也是掌握一项技能的最高境界。

在职场中，能力强的人往往不屑于进行逆向管理，去辅佐上级，甚至有些下属自身能力不强，还看不起上级。在这个方面，他们的认知水平处于最低级别，无意识，无能力。

参加工作两三年之后，有些人经历一些事情，有了些许感悟，才了解到辅佐上级极为重要。自己虽有能力，但在关键时刻仍离不开上级帮助。但是，思来想去之后，他们遇到事情还是不知道怎么做。例如，在与上级接触中，如何更好地表达出自己的期许、展示自己的真实态度。这就是有意识、无能力的境界。

工作多年，有些人看到很多同事被提拔，对辅佐上级这个问题渐渐有一些触动和启发。之后，他们关注这方面的问题，不断积累与沉淀，形成了自己的一些见解。这就是有能力、有意识的第三个层级。

最后，随着经历增多，有些人的逆向管理能力已经达到登峰造极的境界，不仅有清晰的认知与方法，而且还处于无意识状

态。这就是第四种境界，无意识，有能力。

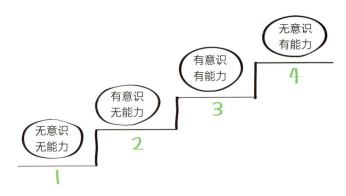

职场中人的逆向管理能力层次

显然，功夫练就不是一朝一夕的事。可惜的是，人们对那些善于"包装"与行动的人，往往更加具有善意。于是，年轻人很容易被带偏。请不要忘记，任何"武功"都不可能一蹴而就，需要慢慢感悟和练习。结合自己当下的情况对照一下，在逆向管理这个课题上，你是哪一层级呢？

第 **2** 章

"懂得"才能管理上级

全面了解一个人之后，才有可能看"懂"对方。当你不了解、搞不明白的时候，只能茫然猜想。年轻人或许不理解为什么要"懂得"上级。只从行为去评判上级，不可以吗？从心理学角度讲，人的行为表现或许一样，但背后的动机可能千差万别。

让我们看一个例子。

有三个人都想进监狱。第一个人希望了解监狱的设施与构造。搞明白之后，等刑满释放，他就可以把图纸卖给那些有需要的人。这是他的生财之道。第二个人就有些悲惨了。他很穷，无钱治病，只能通过监狱里的免费医疗来解决问题。所以，他想尽办法做坏事，终于混进了监狱。第三个人进监狱是为营救好朋友。他的好朋友被坏人陷害，进了监狱。对他而言，友谊至上，他需要这样做。

主动要求进监狱

在普通人看来，只要想进监狱的人，一定不是好人。了解这三个人进监狱的动机，你还会这样认为吗？

动机决定行为，如果你不了解背后的隐情，就不可能看懂对方。希望自己看懂别人，那就要从理解的角度，有自他交换的意愿，而非只是抱着"吃瓜群众"的心态。

让我们看一个例子。

在你上大学的时候，有些同学特别喜欢整洁，把床单洗干净之后，熨烫平整才会铺到床上。而你从来没有熨烫过床单，你感觉很麻烦。于是，那些勤奋的同学就会嘲笑你。

当你的父母来到宿舍，看到你的床单皱皱巴巴的，他们会理解你，认为没有人在旁边帮助你，宿舍又小，所以你不方便熨烫床单。

这是因为父母把自己带入你的"角色"，充分感受到你的不容易。那一刻，他们把自己当成你，理解一个人在狭小的宿舍里熨烫床单有诸多不便。于是，他们对你体谅与宽容，你最终得到的是理解。

古人说："知己难求。"由此可见，真正理解一个人是多么不容易。回到现在，你是否能看懂并理解上级呢？如果做得不够好，那么你如何提升自己看懂对方的能力呢？

不要理想化，上级只是普通人

"理想很丰满，现实很骨感"，这是职场中的年轻一代最喜欢说的话。可是，细想下来，为什么一定要把理想设定得那么丰满呢？理想简单一些不好吗？现实不会迎合你的需求，心理落差小一点，让自己好过一些，不好吗？

我们好像早已习惯，对上级严要求，对事情高期望，对人、对事追求完美，让自己深陷在理想世界中。而这种设定，对作为下属的你是绝对没有好处的。

在以往的课堂上，我的学员在这一点上表现得特别明显。他们对理想中的上级设定的条件五花八门，都是高标准、严要求。

例如：上级一定要外形好、腰包鼓、专业能力强、懂业务、会协调关系、懂人情世故、情商高、有包容的胸怀、谦虚、正直、诚实、有战略能力、多才多艺、有担当、面善、思路清晰、有倾听能力、优势突出、奖罚分明、风趣幽默、谈吐不凡、能顶住高层压力、从善如流、成熟稳重、善于激励与鼓励下属、家庭和睦、脾气好、虚怀若谷、擅长肯定与赞美他人、信任别人、会授权、不絮叨、干练等。

看到这些条件之后，请问：假如你是上级的话，以上的要求，你可以做到多少呢？你可以做到二分之一，还是四分之一，或者更少呢？相信你和很多人一样，还不能全部符合这些条件。那么，你都做不到的事情，为什么要求别人一定做到呢？难道只是因为对方的职位比你高吗？试想一下：有一天，你也会成为上级，那时你一定符合以上的要求吗？

对上级"严要求"

11年前，在人力资源论坛上，有研究人员曾通过对世界五百强企业做的调研，给出了理想上级的标准，如下所示：

1. 让下属得到应有的报酬，而不是按照能够给予的额度。

2. 多花时间分享经验和观点，让下属知道他在想什么，看到他在干什么。

3. 沟通直接。

4. 是下属的靠山，给下属支持，让下属按自己觉得对的方式做事。

5. 热情洋溢，及时表扬，诚恳批评。

6. 分配责任，而非工作。

7. 创建和培养团队精神。

上面7条要求，对上级的专业与内涵、外表与个人条件只字未提。看到这里，你对上级的期望是不是应该有所调整，更加切合实际呢？理想可以用来设定目标，在行进的路上，发现理想与实际的落差，就要勇于去调整，争取与现实慢慢接轨，再通过自己的努力，最终取得比较理想的结果。现在，你唯一能做的，就是降低对他人和外在环境的要求，自己主动去适应所有的一切。

上级的职业诉求是什么

上级只是你的同事，同事间要有界限，需要保护个人隐私。作为下属，你只需掌握与你有关的信息，知道需要你知道的事情便可以了，没必要全部了解。你对上级了解得过多，反倒容易引起对方的反感。

那么需要了解哪些信息，才能达到看懂上级的境界呢？对于这个分寸的把握，要从底层思维、职业诉求说起。

我曾经与诸多企业的高管聊过这个话题，他们一致认为：从下属的角度观察，上级怎么看待自己的工作是最重要的。从这个方面，可以把上级区分为两种。

一、只关注自己的上级

他们每天的工作都是围绕自己的利益去处理问题，从来不管下属与他人的死活。对他们而言，有权力就有利益，一切都以利己为基础，个人关系高于工作关系，善于回避责任，提拔下属的标准就是唯利唯亲。下属如果想要晋升的话，工作成绩可有可无，只要对上级有实际上的好处就可以。

在现实中，这种类型的上级表现深浅不一，你可能感到困

惑。这里的分寸如何把握呢？

答案是：在关键时刻，观察上级有没有体现出正直与诚实的品格，是否把自己的利益放在工作利益之上，最终伤害组织整体利益。

这类上级是最危险的。

顺便说一句，这类上级是现代管理学之父彼得·德鲁克一再强调的、唯一不需要辅佐的上级类型。

二、把职务视为事业平台的上级

对这种类型的上级来说，权力意味着责任，权力无疑是达到组织目标的工具。他们重视工作效率与业绩，个人关系与工作关系分开，把工作目标和绩效放在最高的位置上，组织资源只服务于工作与组织目标。他们看重下属的才华与绩效，只有个人表现突出才可能被晋升。

遇到这种上级，下属是幸运的。上级一心想做出成绩，对下属而言，在工作中需要处理的关系也就简单了很多。上级只看重绩效目标，那么，下属就一定要关注绩效结果，具体是哪种考核方式，下属一定要心中有数。

视职务为
个人资源

视职务为
事业平台

两种上级的不同职业诉求

谈到这里，相信你已经对自己的上级进行了归类。那么，请思考一下：如果你的上级是第二种的话，你需要做什么才能提升你在他心目中的地位呢?

上级将什么奉为真理

在人与人交往的过程中，双方能够保持长久关系的，通常考虑的不是对方长得怎么样、有什么地位和头衔、拥有多少财富，人们更看重的是内在的东西。例如，从行为层面可以体现出来的价值观。

价值观是每个人的行为准则，在生活中需要恪守。每个人的价值观体现于日常生活中的一言一行。

价值观包含对人、事、物的评判，认为什么是对的、什么是错的，坚持什么，反对什么。

美国的麦斯教育研究所曾做过一项研究，得出的结论是：一旦我们了解了别人的价值观，就可以更好地做出决策。这种决策能够帮助我们更好地和他人发展关系。

在工作中，对我们而言，最重要的关系是与上级的关系。上级对什么事情特别重视，对什么行为特别反感，对什么类型的人欣赏，对什么样的工作更热衷等，都能体现出他的价值观。

能够体现一个人价值观的东西很多，例如：冒险、公平、家庭快乐、平衡、事业、影响、成就、合作、竞争、奉献、控制、学习、忠诚、友谊、权力、经济保障、名声、健康、独立、创造

性、慷慨等。

通过对上级的言谈举止进行观察并评判，了解上级的价值观，你可以找到与对方的共同点，从而更好地发展融洽的合作关系。

事实上，人与人之间的相同点永远大过差异点。所以，这件事并没有想象中的那么难。例如，普遍的价值观包括：人要善良，有爱，彼此支持，相互帮助，孝顺，重情重义，有责任心等。这些多数人都在遵守的信条，谁都不会公开反对。但是，这些东西是否真正被秉承，是否被坚守，还要从对方行为上去观察与分析。

假如你与上级一起工作的时间已经很长的话，在日常合作中，留意他的言谈与行为，很容易感受到他的价值观。

上级的压力与目标是什么

下属常常只看重自己的目标与压力，对上级的目标与压力并不了解。一方面，这是因为职位差距，下级不方便去了解；另一方面，许多人存在误区，以为没必要去了解。

上级的目标，在组织形式上，常常涵盖下属的目标。作为下属，如果不主动去了解上级的目标，是很难搞清工作的优先顺序的。要知道，对组织的战略方针、宏观政策、资源调配等方面，上级比你了解得更多。如果你只关注自己，最后的结果，往往是你花最多的时间完成的任务，却不是上级认为最有价值的。而上级认为必须做的，也可能是你最容易忽略的工作。

在组织中，这种误解或许每天都在上演。我在以往的管理咨询工作经历中，曾遇见过类似的情况。

让我们看一个例子。

某人是一家上市公司的总经理，他的专业背景是财务。公司董事会给总经理最重要的任务目标是提升利润。在常规操作下，公司想要增加利润，在经营与管理上可以开源节流，在产品销售方面，可以扩大销售区域、提升产品单价、扩充产品线。

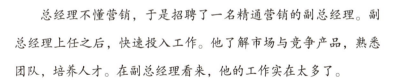

　　总经理不懂营销，于是招聘了一名精通营销的副总经理。副总经理上任之后，快速投入工作。他了解市场与竞争产品，熟悉团队，培养人才。在副总经理看来，他的工作实在太多了。

　　在此期间，除参加公司的例行会议之外，副总经理从未主动请示过上级。他不知道，今年除完成业绩目标之外，还有什么额外的要求，或者总经理有什么期望，他的目标与压力又是什么。他认为快速做出业绩，才能站稳脚跟，其他都不重要。

　　站在专业的角度，副总经理通过扩大市场占有率，提升业绩的想法，从长远看没有错，但他不了解总经理的压力与目标，更不了解股份公司的总经理是每半年考核一次。针对短期考核结果，股东全部进行评价，投票通过后，才能继续担任总经理。

　　面对三个月没有任何利润提升的情况，总经理如坐针毡。虽然他已经在管理与经营上压缩了成本，但降幅很小，与总体要求比较起来，并没有什么突出的增加利润的体现。

　　他知道副总经理也在兢兢业业地工作，可在产品利润的提升上并没有起色。最后，思来想去，他决定把产品的价格，从出厂到零售，全部提升5%。这样一来，单品利润提升了，但总体销售受到很大影响，因为销量降低了。半年之后，副总经理与总经理两个人不约而同收到了董事会的解聘书。

这是谁的错呢？你可能说两个人都有错。但是，请仔细分析一下，如果我们客观评价，作为下属的责任是不是更大一些呢？

上级有多个下属。副总经理是负责营销的，假设他意识到上级的压力是提升利润，就不会只考虑常规做法——通过市场份额的提高来扩大市场占有率。提高市场份额肯定不是短期能够见效的，要在短期内做出成果，就要改变常规策略。

可惜的是，双方没有达成共识。你有你的专业，我有我的想法，下属没有向上级主动询问，付出再多的辛苦劳动，最终也是徒劳。

基于这个案例，相信你已经非常清楚了解上级目标与压力的重要性。为避免你也像案例中的副总经理一样，活在自己的世界里，请现在就写下你的上级的目标与压力吧。

上级的工作风格有什么不同

人们的工作风格皆是因为习惯使然，上级也不例外。有些上级习惯上午在办公室处理事务，有些上级习惯下午待在办公室里。这一方面是由于工作任务或内容决定的，另一方面是出于个人工作风格的偏好。

有些上级分配给下属工作之后，事无巨细，想了解下属在执行任务中的所有细节。他们认为，只有做好过程管理，才能保证工作有效完成。而有些上级，只希望知道结果，对交代给下属的工作从不过问，丝毫不想参与，只看最终的完成结果。前者是过程型，后者是结果型。

我是领导，听我的！

一切服从领导

有些上级，事事喜欢授权，给下属分配的工作超过负荷。有

些上级什么都想自己做，对下属做事不放心，不懂或懒得培养下属，常常一个人忙得一塌糊涂。

有些上级喜欢通过阅读来了解情况，有些上级喜欢通过倾听来了解情况。如果上级是阅读型的，你在他耳边说多少溢美之词，他都听不进去，你只能拿着厚厚的报告来满足他的需要。如果上级是倾听型的，哪怕只有一页纸的资料，他都可能厌烦，表示只想听你说，不想浪费时间。

这些领导的工作风格，无所谓好坏。作为下属，假如你的工作需要时常得到上级指导与帮助，或者需要上级了解自己的工作动态，那么就主动一点，先去了解上级的工作风格，根据上级的工作风格，去调整与上级的沟通与合作方式。

现在，请想一想：你的上级是哪种工作风格？

上级对下属有哪些能力要求

从企业管理的角度去观察，现在有越来越多的企业已经采取独立核算、自负盈亏的考核体系。而人力过剩、人力成本高，一直是被业内诟病最多的一个话题。即使你所在的部门很小，作为部门负责人，招几名下属，从分别承担什么职责到如何降低现有人力成本，都是需要考虑的问题。

在这样的压力下，上级在招聘下属前，就要清楚宏观大局：员工如何安置、分别承担什么工作任务等。当然，在这个过程中，需要不断地磨合与调整，这是上级考虑的大方向。

具体细化到下属个人，对下属的能力要求从两个维度去评测。

一、从物质方面去考虑，也可以理解为利益需求

利益需求包括：

1. 下属给部门带来业绩提升。因为下属存在，部门绩效比之前高了，下属为此做出了很大的贡献。毫无疑问，所有上级都喜欢这样的下属。

2. 管理状况得到改善。下属出现，使管理比之前更容易了，或因为下属给团队树立了典范，或因下属具有某些优点，在团队

中起到了很好的促进作用。

3．资源调配比之前更加便捷。由于下属的能力较强，各方面的资源调配比以往更加便捷。

上面三项是所有上级都喜欢的、希望下属具备的能力。

4．额外收入。有些上级希望下属提供利益，当然这是少数人。

5．下属的工作质量与效率。下属的工作质量好、效率高，是每个上级梦寐以求的。这表现在很多方面。例如：下属常常为上级分忧，考虑的事情总会超越对其本身职位的要求，主动为上级出谋划策。

6．下属的工作成本低。在精简成本的组织里，下属的工作成本不仅低，而且能力很强，这是上级最希望见到的。

7．在组织中没有违规现象发生。在那些把职务当作事业平台的上级眼里，组织是不能有违规现象的。假设下属帮助上级维护制度，就满足了上级在利益需求中的这个要求。

8．企业得以长远发展与盈利。因下属的存在，部门或组织收获了更大的利益，能够持续发展。

从第5项到第8项是上级作为企业最高领导时的需求。这里的企业最高领导是指其负责的组织或部门，采用独立核算、自负盈亏的考核机制。团队每招聘一个人，都会因增加成本，使负责人有承担压力或降低收入的可能。

二、从精神需求方面考虑，也可以理解为内心的重要感

重要感，是谁把谁看得很重要？是上级把下属看得重要？还是下属把上级看得重要？很多人的回答是错误的。正确答案是：下属把上级看得重要，即满足了上级的重要感需求。

在诸多下属里，只有你特别把上级当回事，心里总挂念着他，你觉得他会没有感觉吗？他会特别在意，表现得很开心。别忘了，在这个世界上，谁都需要被关怀、被认可、被理解、被爱。无论一个人的外表如何刚强都是一样的，人本身的脆弱之处，常常只展现给其信任的人，或者说是自己人。

常常有一些人，被人们认为与上级私交很好。事实上，他们只是了解到逆向管理的重要性，把整体（包括上级）放在更重要的位置。换言之，他们不是为了上级，而是为了上下同心去完成工作。

上下级之间最融洽的状态，应该是：作为下属，既满足上级的重要感需求，也满足其利益需求。下属不但把上级看得很重要，对上级忠诚，还特别有能力，可以使组织业绩提升，帮助上级解决问题。

如果这样，那你的位置一定是不可撼动的，有可能在上级高升之时，你也会一起受到提拔。看到这里的你，请思考一下：你满足了上级的哪一种需求呢？如果是利益需求，你都满足了哪些条件呢？顺便再问一下：你是否觉得上级很重要呢？

上级有哪些优势

用人所长，从管理学的角度讲，不仅是管理者对下属用其所长，还要用自己所长，用上级所长。

用上级所长，这个理念或许打破了你的认知边界，觉得难以理解。多数人理解的用人所长，只会认为是对下级、对自己，而对上级是没有这个意识的。

但是，请你想一想，人们更喜欢团队中那些欣赏自己的人，而欣赏要建立在看到对方的闪光之处的情况下。如果你看不到上级展现的"美"，也就是优势的时候，怎么谈得上欣赏上级呢？

那么，如何发现上级的优势呢？你可以参考下面这些问题，以便找到上级的优势。

1. 你和你的团队认为上级怎么样？

2. 你们最喜欢上级的哪些方面？最不喜欢上级的哪些方面？

3. 在部门以外的同事中，上级受欢迎的程度如何？

4. 上级是否容易流露感情？他时常流露哪种感情？这些感情是消极的（如没耐心、厌恶）还是积极的？

5. 你认为上级最擅长哪种工作？最不擅长哪种工作？

6. 在达到部门目标方面，上级制定的工作步骤是否严密，上级是否善于做决策？

7. 上级对你和团队其他成员常常保持支持态度还是反对态度，为什么？

回答完上面的问题之后，结合对上级日常言行的观察，去发现上级的长处。例如：

1. 倾听。与上级说话的时候，你发现上级常常关注什么？他的思维模式是倾向于关注事还是关注人？上级有什么偏好？

2. 阅读。研究上级擅长或常常用哪些方式与他的上级、平级或者其他同事沟通。你每次花几个通宵写的报告，都被上级打回来，为何不看看上级是怎么写的，然后如法炮制呢？

3. 观察。在会议或工作中，上级通常更重视谁，为什么？

让我们看一个例子。

记者采访"打工皇帝"唐骏时，问了这样一个问题："你是如何成为打工皇帝的？请分享一下你的诀窍。"唐骏回答："当我看到某个同事升职时，我就去考虑领导为什么认可这位同事，领导对同事有哪些要求，这位同事为公司做了哪些突出的贡献，有哪些优秀的品德，值得我学习。通过这样的比较，我可以了解到公司的整体方向与上级对下属的要求。这种拿来主义比自己摸索，

能够少走弯路，少花很多时间，何乐而不为呢？"

4. 发问。有机会去请教曾经与上级一起工作的同事，他们对上级的评价是怎样的，他们如何与上级相处。

让我们看一个例子。

15年前，我曾在国内一家管理咨询公司任项目经理、咨询师。当我刚进入公司的时候，发现同事的穿着、装扮都很朴素，没有人用"奢侈品"。当时，我只是以为同事大多是各方面的专家，他们不注重外表的包装。但这并不是正确答案。后来，在一次与同事沟通中，我得到了正确的答案。

原来，企业最高领导是一位信奉"内涵"为王的人。企业最高领导在30岁的时候，完全靠自己的专业投资眼光，对市场做出理性的分析与判断，采取必要的策略，最终取得成就，实现了财富自由。他非常注重人的内在，注重专业性、学识与能力。他喜欢打扮朴素的人，所以同事们一个个都是这样。

新入职的同事，如果没有快速察觉这种组织文化，而表现出"浮夸或奢侈"时，可能用不了多久就消失了。

在一个组织里，提问往往是新人向老人求教的必要环节。提

问的内容不仅包括表面的工作内容、任务、人员分配，更要了解
藏在表面之下一时半会发现不了的东西。

　　相信经过全面的观察之后，你一定有了很大的收获。现在，
请你把上级的优势列出来吧！

上级有哪些类型的领导风格

根据领导力大师保罗·赫塞与肯·布兰佳提出的"情景领导"理论，可以把管理者分为四种领导风格，与之相匹配的是四种类型的下属。而这四种类型的下属，是依据下属的工作意愿度与能力强弱来划分的。当然，意愿度和能力强弱、参加工作的时间长短、对岗位的熟练度、对工作任务的满意与否等都有关系。在这里，我们不再详细展开。

四种管理风格分别是管理员型（告知式）、协调员型（推销式）、顾问型（参与式）、教练型（授权式）。

上级的领导风格类型

一、管理员型

当员工刚参加工作时，对组织机构设置、组织文化、组织分配的工作岗位、岗位工作内容、与各部门的相互衔接、与他人的协调、企业产品等细节完全不了解，需要人来指导，包括专业或

技术方面。这个时候，员工是没能力的，在意愿层面是不安的，需要管理员型上级。

而管理员型上级，通常详细告知下属工作计划，下达详细命令，同时密切监视进程。在工作中，下属不存在或者不允许有任何自由度，上级也不会解释原因。

二、协调员型

几年之后，员工的工作已经有了很大的进步，对一些细节操作已经不需要征求上级的意见了，而对于极个别的事情，或者人们常常以为的大事和从未接触过的事情，才需要请示上级。员工这时在解决这种事情上没能力，但意愿强，他们需要协调员型上级。

协调员型上级，他们懂得培养人，具备丰富的基层管理工作经验，知道如何帮助下属做出最佳的表现，也会详细解释工作的缘由。在员工需要帮助时，他们才会提供援助，平时并不过多干涉，期望下属得到成长。

三、顾问型

相信大家对"顾问"这个词一点都不陌生。顾问型上级，就是在员工解决不了问题的时候，才去征求他们的意见。员工在顾

问型上级身边工作，需要具备一定的能力，工作的成熟度相对较高，平时与上级不需要过多沟通，只有在遇到难题时才去请示上级。

顾问型上级会向下属充分解释与说明，他们的优势来源于工作经验、阅历、从业年限、专业能力等。顾问型上级与员工一起解决问题，提供答案或建议。

四、教练型

教练型上级通常用问题解决问题，不是传帮带。员工的成熟度很高，资历和经验都非常丰富，能力强，意愿很高，充满自信，但在工作中仍然可能遇到问题。教练型上级在专业上有可能并不了解员工的困难，用自己掌握的知识或经验满足不了员工的要求，需要用问题激发下属进行思考，从而让其找到答案。教练型上级对下属充分授权，不会给出答案，也不会给任何建议。

除此之外，员工遇到问题，有可能有迷茫或懈怠产生。教练型上级可以提问题，对下属进行引导，为其指明方向，而不是明确细节，员工有很大的工作自由度。

针对上级的这四种领导风格，员工的成熟度与工作意愿度其实并不重要，重要的是下属需要了解上级，看重上级，也就是

"就高，不就低"。

《圣经》提到人要"谦卑"。从字面理解，谦卑就是谦虚，不自高自大，但《圣经》的解读不是如此。谦卑，是少关注自己，多关注别人。常人只关注自己，自私是人的本能，多关注别人，需要有意识地进行修炼。

如果上级是管理员型领导，作为下属，你就需要告知上级工作计划、内容和阶段性目标。如果上级是教练型领导，你就不要随便去打扰对方。

基于前面讲到的四种领导风格，请你思考一下：你的上级属于哪一种领导风格？

了解之后，怎样才能做到理解上级

发挥同理心，你才能用了解到的资讯理解对方。如果只停留在了解层面，你不过是没有目的的看官，而理解属于更高层次，是以了解为基础形成的心理变化。

近年来，微软公司的业绩不断攀升，令业内人惊讶。微软公司因Windows系统"雄霸天下"，已经三十多年没有任何创新了，以至于很多人认为微软公司将会是第一个倒下的巨头公司。推动微软公司发生巨大转变的是一位印度人，名字叫萨提亚·纳德拉，微软公司的现任首席执行官。他上任之后采取了一系列改革措施，最著名的就是把微软云作为创新主导产品，用来推动公司发展。

纳德拉前去微软公司面试时，遇到一个问题，给他留下了深刻的印象。

让我们看一个例子。

你在马路上走，无意间看到身旁有个小男孩在哭。小男孩还很小，身旁没有大人。这个时候，你会怎么办？

纳德拉当时的答案是：报警。他的理由是：我不是警察，也

不是孩子亲属。遇到这种事情，我只能帮助他做这些。

请问，你的答案是什么，会不会与纳德拉的回答一样呢？你千万不要因为与他的答案相同而沾沾自喜，因为这个答案是错的。在面试结束之后，他向面试官请教了正确答案，正确答案是：把孩子抱起来，哄哄他，别让他哭了。

看到这里，你会怎么想？这个回答是不是超出了你的想象。我问过许多企业高级管理者，有很大一部分人，他们的答案都是报警。报警是针对事情的处理办法。但是，小男孩呢？从人的角度，他被忽略了。

回到我们的问题。了解上级，不是为远观，而是为更好地理解对方。毕竟上级好坏与你息息相关。上级升职，有可能你也会得到晋升。上级离职，被辞退，你也有可能受到牵连。

关注人，要有人文关怀，更多地基于对方的角度去考虑问题，用同理心去看待事情。如果了解上级之后，我们还是当"吃瓜群众"，那岂不成了只会简单运转的机器。

理解需要与情感同步。人没有高低贵贱之分，是完全平等的。在那一刻，你需要站在对方的角度，而非自己的角度，去看待对方。例如：

你的朋友失恋了，你怎样安慰对方？

1. 你告诉正在难过的朋友说："走吧，出去喝两杯。"你要给他讲讲自己之前经历的情感磨难。

2. 与朋友"算账"："之前我就说你们不合适，你就是不听。对方一看就不是好人，你还为此难过，有啥好难过的？"

3. 你看到朋友难过，什么也没说，只是默默地坐在他旁边，听他诉说，偶尔点点头，不打断对方。那一刻，你全然在倾听。

请问：上面的三种方式，哪一种是真正的理解呢？第三种方式才是真正的理解。第二种方式是人们最容易，也最习惯犯的错误。你只是在评判，朋友是"弱者"，你没有理解他，也不同情他。在你看来，这些都毫无意义。

第一种方式分析起来有难度。为什么第一种方式不是理解呢？第一种方式是同情，而非同理心。你之前也经历过失恋，你有经验，在这个问题上显然比你的朋友表现得更"明智"。你们不平等，你运用了同情心。你知道朋友非常需要关怀，你拿自己的历史与朋友分享，希望对方从中吸取经验教训，从而走出痛苦之中。

只有第三种方式是完全理解对方。当别人遇到事情时，要把自己设想为对方。试想一下：对方头上的愁云有没有转移到你的

头上？如果你是对方，你会怎样做？感同身受，才能产生同理心。

　　人们常说："种一棵树最好的时间是十年前，其次是现在。"上级只是普通人，试着锻炼自己，去理解上级，现在一点都不晚。此时此刻，你应该开始有意识地发展同理心了。

第 **3** 章

让你的预期与上级的
期望完美重合

在上级眼里，你是怎样的一位下属？你有没有想过这个问题？人与人之间的感知是相互的，你看对方不顺眼的时候，对方一定也有对你不满意的地方。或许，你想说："人应该学会掩饰自己，不能太直率。"可是，你们的关系不同，你们需要一起携手共事，单靠掩饰很难"应付"过去，必定会在某个不经意的时刻流露出自己真实的状态。

常言道："知己知彼，百战不殆。"真实一些，尤其在初入职场、职位不高的时候，更要诚实待人。不用考虑周围其他人如何，单从自我出发，让上级对你有必要的了解，渐渐确定你在他心中的位置。这一步要非常用心，该表现的时候，一定要行动。

经过磨炼，你慢慢有了新的认知，不断确认自己是否适合现在的位置。当一切"尘埃落定"时，再去请示上级，他对你有什么期望。

让我们看一个例子。

电影《穿普拉达的女王》中的安迪小姐。以为自己可以通过每日的辛苦工作、完成企业最高领导交代的工作来换取企业最高领导的认可。她把现在的工作当作跳板，这个目标很明确，所以她付出很多，也毫无怨言。只是，她使自己独立于这个讲究时尚的公司，她认为自己保持清醒、有思想才重要。

直到有一天，企业最高领导找她谈话，对她说："你的简历夸大其词。你是个胖妞。我原本以为你可以比原先的秘书做得好，没想到你做得更差。"

听到这样的评价，安迪感到委屈。后来，一位同事提醒了她："很多人都是抱着梦想来公司上班的，而你是屈尊来上班的。"她一直以为，只要自己在表面上完成工作就可以了。她不爱公司，她以为这个秘密只有自己知道。她没有想到，她的秘密早已经人尽皆知了。

如果不是她对工作一贯认真负责，企业最高领导或许早已把她辞退了。企业最高领导的期望很简单，她不想看到自己的员工把工作当作跳板，她希望公司的每位员工都热爱工作，热爱公司。

试想一下：哪个公司的企业最高领导不是如此呢？他们都会有这样的想法：让员工爱公司如爱家一样。虽然公司不是家，但他们都希望员工有主人翁意识，把公司看作家。

上级对下属都是有期望的，假设上级对你的要求只是简单的几条重要细则，那你更要心里有数。这种默契就是上下级关系的完美状态。你要想办法了解清楚，再去实践，而非按照自己以为的样子工作。

身在"一楼"的眼界，会限制你的思想与见识，向上级请示

是必不可少的。每当闲聊时刻来到，准备一些向上级分享的"体己话"。这样不仅利于建立双方关系，还有可能让你得到他对你有何期望的答案。在此之前，一切都要采取主动。

路是用心走出来的

鲁迅先生在《故乡》里写过这样一段话：其实地上本没有路，走的人多了，也便成了路。他在这里指的"路"，是结合当时的时代背景，说的是对未来的希望。他用小说鼓励大家，不要对现实失望，对未来要有探索精神。

今天，我们仍习惯用"路在脚下"来比喻我们的人生选择。但是，请你回头想一想：在过往的人生旅程中，你遇到的同学、同事或者朋友，他们现在的成就真的是用脚走出来的吗？

不，人的成就是用心走出来的。人生中的每条路、每个十字路口、每次选择，都是心在指引着我们，让我们一步一步走到今天。

一个人的成就与学历没有直接的关系。否则，那些比你学习好的人，肯定在物质方面比你富有，学习不好的人不应该比你有成就。显然，这种想法并不靠谱。请原谅我用普遍的价值观来衡量人们追求的成就，因为这样进行比较，最容易，也最直白，便于人们理解。当然，从经济学角度讲，价格与价值并不一定对等，产品价格很大程度上是由时代特点、人文偏好和产品稀缺性等决定的。

　　人类活动的根本目的是保护、维持和强化概念自我或者符号自我，而非真正的自我。

　　那么，最终是什么决定了人们在当下所处的状态呢？答案是自我本身。没有自我定位，没有坚定不移地确定自己未来能做什么、想做什么、应该做什么，你就不可能成为现在的你。你的每时每刻都是自己默认的，没有你的允许，任何人都无法真正识别你是谁。

　　尽早确定自己的路和扮演的角色，对你有无数的好处。每位成功者都是在行动中不断地寻求突破，挑战更高的、更强的自己，最终成为我们仰望的人。

你是谁

　　多数人离开学校后，寻找第一份工作时是没有选择的。而第一份工作通常属于两种情况。

　　一种情况，是你投了很多简历，几乎都如石沉大海一般毫无音信。在窘迫的处境下，你仅获得一个工作机会，这家公司或其提供的职位并不如意，或许你只是想去应付一段时间，缓解一下当时的经济困难。没想到，入职后，你发现工作与各种关系还算不错，于是渐渐地开始融入那种氛围。时间一天天地过去了，你

的专业性在慢慢加强，职业定位就从这里开启了。

另外一种情况是你很幸运，投简历的公司和职位恰好是你梦寐以求的。通过面试办理入职手续，参加各种培训，你开开心心地投入工作之中。时间慢慢滑过，你的职业定位也就起航了。

无论职业开启属于哪种情况，一般你都没有经过自我测评、优势分析与兴趣探讨，只是一时兴起。或者，只考虑公司不错，又或者对某岗位好奇，具体岗位是做哪些工作、与你所学专业是否对口、公司的人际关系是否复杂等，你并不了解。

客观地说，你是碰运气选择职业。工作每天反复，直到有一天，你在升职、专业、职称或同事关系上遇到了问题。

突然间，你会问自己这样一个问题：这是我真正喜欢的工作吗？这份工作真的是我毕生要从事的事业吗？你开始困惑，对职业、对工作开始产生倦怠。

当初，公司从外面看起来光鲜亮丽，你拼尽全力才留在了这里。那时的你对公司、对岗位、对自己没有太多的了解，盲从之后渐渐习惯。

苏格拉底说："未经检验的生活，是没有价值的。"在现实中，有很多人，在慢慢融入工作岗位的同时，把真实的自己一起埋葬了。在工作几年之后，你渐渐明白自己的真实兴趣、个人的优势，可是转眼间，现实已经不允许你发展"真我"，不允许你换

职场赛道了。

公司或许很好，可是对你而言，又有多大的关系，对你的未来又有多大的帮助呢？离开这个公司，你又可以做些什么呢？什么才是真正的你呢？一个人在这样的"好"公司待的时间越久，越容易在离开时变得迷茫与无助。舒服得太久，人就像温水里的青蛙一样，习惯了工作环境，也习惯了某个岗位。

公司的光鲜外表不代表你也如此，你需要给自己时间，仔细想一想：离开现有的职位后，你是谁？你需要什么样的工作？把工作当作终身事业，而不仅是为了糊口，结合个人的兴趣与爱好，同时发挥你的所长，努力确定工作方向，这才是最好的选择。

请问：现在的工作是你的终身职业吗？它是可以发展为事业的唯一选择吗？如果答案是否定的，你打算做什么？

职场不需要"傻白甜"

这些年的影视剧，特别喜欢固化一种角色，就是职场菜鸟。菜鸟被默认为"傻白甜"。"傻白甜"，顾名思义，就是一个人傻乎乎的，像白纸一样，没心机，可爱。

一个人在学校里学的知识，很多都是"旧"的。在组织中有很多需要学习的新东西，你表现得简单、谦虚是很好的，但这样

的形象，仅限于职场初期，很快就需要改变。

初涉职场，这样的形象必然有好处。例如，你可以以此态度向资深的同事请教；在做错事之后，大家也认为你无心机，会谅解你；在完成工作的过程中，不关心进度，以显示你无心机，更加可以在同事中表现出你的"可爱"。

但是，千万不要以为这样就可以取得别人的信任。得到别人的信任是要有资本的。"示弱"是得不到别人信任的。

最初可以显得无知，如果长久下去，你的形象在上级眼中固化，你的未来就会非常艰难。

从三个月到半年，水平差一些的话还可以理解，经过一年时间就应该对组织中的目标、任务、绩效、层级、关系、同事特点等了解清楚了。

这个时候，你就要开始"认识自己"。"认识自己"是每个人都无法躲开的问题。只有对自己有清晰的认识，你才能知道自己在人群中应该扮演什么角色、言谈举止应该如何、与什么样的人加强关系、与什么样的人可以互补，从而增强自信。

那些永远是"傻白甜"的人，他们多半"安心"做着几十年如一日的基层工作，不会承担过多的压力，也不会有发展的机会。

从人类工作动机的角度讲，这种人通常家庭条件优越，不想特别辛苦，也不希望在工作中实现什么，没有对工作过高的期

望。他们唯一的诉求，就是与同事一起开开心心地工作。

遇到事情多思考，多学多练，少说多做，尽快找到自己的兴趣与爱好，力争在团队中发挥出自己的价值，这才是根本。

基于长期考虑，在职场中还是不要去做"傻白甜"。你的想法是什么呢？

工作背后的三个需要

哈佛大学教授戴维·麦克利兰提出著名的"人的需要"理论，也可以将其称为"动机或需求"理论。人们在工作中取得的成就与后天环境、个人经历、所受教育等有关。受时代、社会、文化背景的影响，人的"需要"也不同。

人的需要分类

在工作中，人们的动机分为三种：成就需要、归属（合群）需要、权力需要。

一、成就需要，基于追求个人成就

人们常常精益求精，对自己有严格的要求，具备很强的工作

主动性，希望通过自己的努力解决问题。人们对工作不仅需要知道做什么，也需要知道为什么做，在工作过程中及时反馈。

这种类型的人更像现在的宠儿——知识型工作者。他们通过自己的专业"占有"组织里的一席之地，从不依赖或忠诚于某个组织。换言之，他们忠诚的是自己的专业或技术。

他们普遍智商很高。对他们而言，只有专业或技术才是靠得住的。他们希望通过自己的努力，最终能够"实现自我"。这种需求就是出于成就动机。他们认为，只有取得专业或技术上的"高升"，才能代表成功。现在社会，个人成就显然是知识型工作者实现阶层逆袭的唯一途径。这样的例子在互联网企业中比比皆是。

二、归属需要，也称为合群需要

这种类型的人看重的是同事关系，他们希望在团队中得到他人的接纳和认可。

在职场中，在某个职位上工作多年，他们没有丝毫晋升的期望与要求，安于现状，不希望有更大的成长。他们喜欢与人交往，也会为他人着想，这样的合作关系给他们带来了愉悦。他们喜欢合作，希望彼此相互理解，有时会因为同事的离开而伤心难过，对人与人之间的冲突往往选择回避。他们更注重情商的发展，追求并享受和谐的关系，这对他们非常重要。他们对获得别

人喜爱比工作本身更感兴趣。

三、权力需要，影响或控制他人，不喜欢被他人控制

这里说的权力包括个人权力与职位权力。

个人权力，即围绕个人需求来行使权力。这种人的工作动机是为追求权力。如果个人完成工作，需要得到及时的反馈，喜欢凡事亲力亲为，取得权威。

职位权力需要上级与下属共同认可，它是因为职务产生的。当人们还未取得职位权力时，更多的是体现非职位权力的影响力。不同的人对权力的渴望程度不同，对权力需求较高的人，对影响他人充满极大的兴趣，喜欢对人下命令，注重个人地位和声誉。

组织中的常见现象是：共同在某一层级上工作的同事，时间久了渐渐显露出对权力的需求。这种人也会基于此目标，建立并扩大自己的影响力，企图以此获得权力。需要权力的人，是最有效率的，他们不仅关注结果，也关注过程。

与同事共事久了，三种需要都可以发现，每个人在工作背后都有需要满足的地方。请问：在工作背后，你的需要是什么？

管理自己，保持清醒

人生是一个学习的旅程，职场是一个"修炼场"，从初出茅庐到慢慢修炼有成，再到可以带领他人。这是一个循序渐进的过程，整个过程是动态发展的，没有任何人可以永远保持不变。

有些人很早就想清楚自己要的是什么，在工作中能得到什么；有些人走一步看一步，随遇而安；有些人从未想过未来，也不想给自己太大的压力。最可怜的是最后一种人，遇到坎坷与挫折之后才去理解与醒悟。

这是个人的目标管理。与你每天接触的组织进行的考核不同，它伴随你的一生。每当遇到与人比较的情况时，目标管理就会派上用场。

那些在职业生涯中的每个落脚点都有清楚定位、最终取得成果的人，无疑是幸运的，同时也是勤奋的。但多数人做不到，至少在职业生涯早期很难领悟，直到工作不再稳定时才有了思考。

有的人工作是为得到报酬，为公司品牌而来，而非为工作本身；有的人工作是为与同事在一起，与同事协作才有乐趣；有的人工作是为充实生活，因为一个人待着很无聊；有的人工作是为个人兴趣，工作内容可以给自身带来愉悦；有的人工作是为追求

成就，或受榜样激励，或自我要求；有的人工作是为社会责任；有的人工作是为实现自我（马斯洛提出的人的最高需求）。一个人处于越高的层级，就越能体会到工作给人带来的乐趣，反之就容易有失业风险。

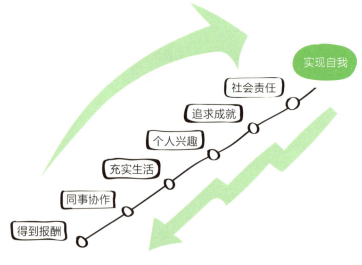

人的不同工作目标

越早经历坎坷的人越容易"早熟"。试想一下：当一个人年过半百时，看问题还是如同孩子般简单，难道不可悲吗？经历事情多的人，一定处事比较老到，比缺乏思考的人更容易取得好的结果。

自我管理需要提前打出"量"，早早认识自己，进行自我定

位，谋划未来，有备无患。

评价工作态度

随着生活水平的提高，当代年轻人比上一代人在物质上更为充裕，年轻人个性的张扬也比上一代人更明显，人的价值观有多元化的趋势。

有的年轻人比较传统，懂礼貌，有分寸，有敬畏之心；有的年轻人强烈地想展现自己，想改变现状，不敬畏传统。在这其中，有好的地方，例如创新基于多元化思维；也有不好的一面，传统文化底蕴、对规则的敬畏，已渐渐被弱化。

有些人没有礼貌与教养，崇拜金钱，物质虽然极为丰富，贪欲仍无法满足。有些人变得疯狂，不择手段，虚假伪善。

组织在今天扮演的角色，一方面是给员工提供尽可能优越的工作环境，同时获得利润；另一方面还要教育、培养员工，在道德、情感、生活的方方面面，不误入歧途。

对职场新人的培养与教育，是其直接上级或导师的责任，多数组织没有认识到这一点。上级的关注点还仅仅停留在绩效目标上面，只对一个人的工作态度有些考量。他们把人分为有能力的与没有能力的、有工作意愿的或没有工作意愿的，顾不上去搞清

背后的问题。

　　基于这样的环境，作为当事人的你，有没有找到可以有效带领你的导师？有没有导师可以在工作任务上给你正确的引导？有没有导师在你遇到问题时，给你真诚的帮助？

　　这个导师不是公司分配给你的，更多的是认可你、欣赏你的资深同事，或者是直接上级。假如你实在找不到导师，也没有关系，时刻保持谦虚的工作态度，等待与导师相遇。

　　无论现在能力如何，你都不能好逸恶劳，更不能矫揉造作，而要任劳任怨，不断学习。

　　相信我，外面的世界如何都与你无关。只有你要对自己的未来负责。从现在开始，端正工作态度，迎接挑战。在平静的时候，检验一下自己的工作态度，问自己以下问题：

　　1. 在遇到问题时，你如何处理与他人的正面冲突？有没有用消极的方式来解决冲突？

　　2. 你经常对做错的事情做出解释吗？你能够避免被扣奖金和责备他人吗？

　　3. 你是一个做事主动的人吗？你每天在消极等待还是积极主动争取工作呢？

　　4. 你经常传播小道消息，或者在员工当中制造麻烦吗？

　　5. 在传递和接收信息方面，你与同事的交流情况怎么样？

6. 你在团队中表现如何？你经常帮助他人、支持他人的工作吗？

7. 你是情绪波动很大的人吗？你通常处于什么情绪之中？

8. 你能够虚心接受批评吗？你会把别人的批评当作前进的动力吗？

用问题探索未知，是自我训练。自己做得如何，不用展示给任何人看，不必担心丢脸。诚实面对自己，尽量做到客观，改善结果，才是你做自评的目的。

面对上级不要情绪化

人是高级动物，遇到事情就会产生情绪，如开心、沮丧、失望、兴奋、恐惧、紧张、生气、爱慕、同情、羡慕、仇恨、嫉妒、悔恨等。

上级交办的任务，明明当时没有说要提交的时间，突然就来要结果了，怎么办？

上级在会议中又在夸奖某人，此人不就是会说话吗？

我勤勤恳恳工作，怎么上级总是看不上我，总是批评我？

上级根本就没有眼光，我说了他不听，算了，我不管了！

上级太笨了，怎么总是在上面争取不到我们的利益啊？

这两年部门都没有人升职，做出业绩又能怎样呢？

······

这些都是负面情绪，无论上级的行为给你带来了怎样的麻烦，你都应该试着去了解更多，搞清全部真相，而非情绪化解读。情绪化解读对你完成工作没有丝毫的帮助。当然，合作的时间久了，你就会了解上级只是普通人。遇到上级做得不好的地方，或者与你之间存在误解，你需要保持以下的态度。

一、 一定要接受，不要情绪化地去评判

无论你的情绪是否表现出来（别忘了，人与人相互感知不必用语言，只要看到对方的肢体语言，通常就可以猜到七八分意思了），对方都会有所察觉。

有人将大脑中主管情绪的区域称为"情绪脑"，而情绪化就是来源于人的情绪脑。情绪脑是人的大脑最常被使用的区域。

情绪是哺乳动物最基本的反应。情绪脑体积虽小，却反应灵敏。人的意识也产生于情绪脑，意识的关注点不超过六个，每个关注点也会有深浅区别。

在固定的范围内，每个人的关注点不同，得到的结果也不同。关注点好比一个方向，有了方向之后，人才会产生心态，再之后产生行为，最后得到结果。

针对同样一件事，人们的关注点不同，也就是方向不同。例如，你关注其中的事，别人关注其中的人。

确定方向之后，你关注结果对错，同事关注人的能力强弱，你们的态度就此产生区别。你认为自己做这件事会如何，产生羡慕、抱怨、同情、开心等情绪。而同事可能就此审视自己，有何需要改正或提高的地方。最后的结果会大相径庭。你是旁观者，而同事得到借鉴，对自我要求更加严格。

当然，这一切都是假设。这一系列意识的发展，是人的大脑自动进行的，过程很快，最早表现出来的就是情绪化。

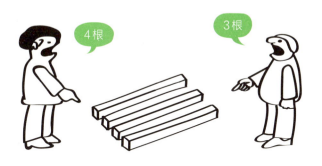

所见（关注点）不同，让人产生分歧

了解这些，你就可以理解为什么在事情发生之后，人们对问题总是会有不同的看法。人受意识所限，都会产生偏见。

作为高级动物，人最大的优势是大脑皮层发达，这一点将人

类区别于其他动物。大脑皮层也被称为"视觉脑"。"视觉"的意思是，当我们想做某事的时候，首先会设想一下，做个计划。这个设想的状态就是大脑皮层在运作。在这个时刻，人是平静的，没有情绪化。创新、创意就是源自人的设想，来自视觉脑。

而情绪是习惯性反应，有事情发生，马上产生好的或坏的情绪。可是，组织是拒绝情绪化的！

二、人在组织里不应该情绪化

组织中的人，有自己的岗位职责。人进入组织工作，就被默认要遵守一系列制度与要求。无论任何人，都不应该因为情绪好坏影响工作。

这样的隐性规则没人会主动告诉你，而你会慢慢体会到。同级别的同事，对你的偶尔情绪化不能如何。企业最高领导、你的直接上级，关乎你的未来，掌握你的"生死"。面对他们，你必须谨小慎微，主动展示优秀的一面，任何带有情绪化或影响工作的行为对你的未来都是消极的。

彼得·德鲁克说："经营好的公司，总是平淡无奇的，而经营不好的公司每天都在发生鸡飞狗跳的事。"

请放下哺乳动物的本能，遇事冷静，仔细思考再行动。让上级看到你成熟稳重，不是更好吗？

主动为先，提高情商

在这里，我们从两个维度说起：一个维度是要有意识地提高情商，另一个维度是主动性。

一、情商

霍华德·加德纳是多元智能理论之父，哈佛大学著名的发展心理学家、教育学家。他在 1983 年出版了《智能的机构》一书，在书中把智能分为九种。

1990 年，美国新罕布什尔大学心理学教授约翰·梅耶和耶鲁大学心理学教授彼得·萨洛韦，把霍华德·加德纳提出的九种智能中的认知智能与人际智能统称为情绪智力。

两位教授经过潜心研究之后，得出结论：在组织中，领导者职位越高，其智商和技能的重要性就越低，而对情绪智力的要求却越高。

1996 年，哈佛大学教授戴维·麦克利兰，把"情绪智力"改为"情商"。经过对组织中的经理人的观察，他得出结论：高级经理人拥有足够的情商，其部门业绩比预期盈利目标增加 20%，而情商不高的经理人，其部门业绩比预期目标减少 20%。这样比

较，两者的差距是40%。最终结论是：只要方法得当，经过训练，人可以提高自己的情商。

戴维·麦克利兰的学生丹尼尔·戈尔曼凭借《情商：为什么比智商更重要》一书一举成名，其先后出版五本关于情商理论和实践的书，由此奠定了其"情商之父"的地位。

人的情商从婴儿时就已经开始显现了。丹尼尔·戈尔曼曾进行过观察：两个婴儿都不会说话，被抱在一起，面对面坐着。他们相互看着对方，假如一个婴儿哭了，另一个婴儿也会跟着哭。这是在人身上最早出现的情商类型——同理心，它也是情商的基础表现。

人有意识之后，就有了情商，而情商是从家庭开始的，而非参加工作后才出现的。人接受什么样的家庭教育，便发展出什么样的处理情绪的方法。

如果你小时候家庭成员彼此关爱，相互坦诚，大家乐于表达，没有隐瞒，更没有侮辱、谩骂、嘲讽等负面行为出现，那你的情绪管理能力相对较强，也就有可能是所谓情商高的人。

如果你小时候家庭成员之间不会用语言表达，讥讽、嘲笑他人，相互之间不会表达友爱，更缺乏关心，相互鄙视对方，甚至拳脚相向的事常有发生，在这样的环境下长大，你或许会以为人的表达方式就应该这样。因此，你会形成一种不爱或不会表达，

遇事喜欢用"武力"解决，也就自然被认为情绪管理能力相对较弱，情商低。

人的成长伴随着各种规矩的约束。作为东方人，我们倾向于讴歌理性的人，贬低容易冲动的人。

有一种说法："理性是优于感性的。"这句话的前提，是人要成长，要做事，遇到挫折与坎坷时有担当，不能萎靡不振。人有坚如磐石一般的意志力，才能有所作为。这是工作中的一种积极的、不断追求成长的态度。

这与情商没有冲突。但是，过于注重理性发展，而忽略对感性的处理，人就会成为"机器人"。在与人一起共事的过程中，人要流露出必要的感情，或对情绪进行有效管理。

二、主动性

很多组织里的中青年干部，不乏年长一些的中层干部，做事能力非常强，而谈到主动性，就差了一些。

主动性是在工作中表现出来的强烈的事业心。主动性包括四个方面的内容：

1. 在工作中随时准备抓住机遇。领导分配给你新的项目或任务，无论自己是否有相关的工作背景与经验，都要表现出强烈的担当愿望。

人生有近一半时间，甚至更多的时间都需要工作。通过工作，我们得以成长，增长见识，增加智慧，提高能力。如果每天的工作都是对昨天进行重复，那是多么枯燥乏味的事情。

2. 努力超额完成任务。工作任务分配给你，而不是分配给别人，这本身就是一个机会。机会如果抓住了，运用得好就是机遇，机遇对每个人都是可望而不可求的。超额完成任务，才能体现出你的态度与能力，也会给上级一种你可以承担更多任务的表现。

3. 为完成任务，敢于突破常规，能灵活变通。在岗位积累的工作经验，在今天最容易被挑战。

如果你还抱着以往的经验，固守原来的模式，回避时代的变化，不关注新一代人的所思所想，那你一定会顺利找到一条"死路"。

"突破常规，灵活变通"，是创新必需的。对于迎合时代发展的东西，为什么不去尝试呢？死守一条路既然行不通，不如多尝试。无数大企业都是在创新中经历无数次失败，逐渐发展起来的。

打破常规，建立新的规则，这难道不是互联网企业与传统企业在竞争中取胜的秘诀吗？

彼得·德鲁克在《创新与企业家精神》一书中，讲了在组织中创新的七个来源。七个来源的第一个便是意外的成功或意外的

失败。接受环境变化，把灵活变通作为长期不变的做事理念，才是组织发展创新的基础。

4. **通过不寻常的努力，奋力开拓，去调动他人的积极性**。组织都有文化，组织文化决定团队绩效。组织文化是隐性的，需要团队所有人共同努力才能体现出来。

在组织中，有人表现积极，被团队负责人看到并表示认可和支持，那么团队就会成为积极团队。令团队负责人害怕的是，团队是一盘散沙，大家心怀各异，或者大家贪图安逸，满足现状，因为这两种表现都不可能带来创新。积极向上的乐观分子是团队领导最喜欢的，也是其最渴求的人才。

想要成为积极向上的人才，就要不怕辛苦，不怕挫折，勇于发现问题，拥有克服与解决问题的主动性。换言之，就是要有主人翁精神，为自己，也为团队。大家都在一条船上，表面看起来是为团队，实际上是为自己。

基于以上四点分析，相信你已经全然理解了，为提升自己逆向管理的能力，不能被动接受，而要态度积极，主动规划。

你想做出哪些改变呢?

确定期望，坚定不移

人们在职业生涯初期是靠"梦想"牵引的，如果没有及时找到方向，到职业生涯中期最大可能是习惯现状。长久以往，伴随着时间的飞速流逝，人生状态发生改变，理想很可能在脑海中渐渐地破灭了。

个人工作或生活会被大环境影响，即使偶然感到不妥、无奈、沮丧，也只能是在情绪上挣扎。如果没有特别尝试"意外"的事，或许你的整个人生都会因此蹉跎下去。

让我们看一个例子。

约瑟夫·熊彼特在28岁时写了其毕生最有名的一本书——《经济发展理论》。这本书把创新定义为创造性的毁灭，对创新给予充分的诠释。他是世界上第一个提出创新理论的人，因此被称为创新之父。

然而，他最初不是研究经济学的。在获得维也纳大学的博士学位之后，他开始从政，后来从商。40多岁之后，他担任美国哈佛大学的经济学教授，一直到离世。

在他30岁的某一天，彼得·德鲁克去拜访他，问道："你希

望在弥留之际，别人怎么评价你？"他不假思索地回答："我想成为欧洲最漂亮女人的情人、伟大的骑士和经济学家。"

当时，熊彼特的内心为之一震。因为在此之前，他从未考虑过这个问题，他只想着往前走，具体走到哪，并不知道。

在他 66 岁即将离世时，彼得·德鲁克又去拜访他，两人又谈起了这个话题。德鲁克问："你还记得那个问题吗？你希望在弥留之际，别人怎么评价你？"

熊彼特说："这句话提醒我走了三十多年。我希望别人说我是一位可以把杰出学生培养为经济学家的老师。"

人都会经受磨炼，从自己的经历中有所感悟。人的能力不同，思考与期许不同。人在成长中不断调整，通过强化自我概念，最终完成"身份解读"，将自我符号化。我是做这个的，还是做那个的，我在这方面很强，还是在那方面很弱。

人在这个过程中是动态的。人的理想发生变化，甚至有巨大反差，都是可能的。

确立理想之后，能做到知行合一的人总是寥寥无几。终有一日，你会发现工作不适合自己，但是否有勇气面对真实的自己呢？

此时，你要开始留意，确定自己的理想与现实是否存在差距，搞清楚具体有哪些差距，是否需要学习一些技能。

只有你才能决定自己的未来。人的一生，都是活在自我结论与评判中，直接表现是自尊心与自我感受。但如此反复，终不能满足自我认知，寻到自己期望的岗位。

人是不喜欢改变的，或者说多数人害怕改变。改变是对未来的不确定，如果你没有对现状不满，就不会对未来存有极度渴望的心态，从而付诸行动，主动求变。

去看看年轻人吧，那些对什么都好奇、对什么都想尝试的人。只有年轻人具备这样的特点，他们没有过多的条条框框的约束，对未来充满期待。他们希望有更多的改变，勇于迎接挑战。

活在现在，寻求更大的发展，努力创造出一条属于自己的路。对此，你有什么新想法吗？

"两点一方向"，找到自己的位置

找到自己的位置，本身是一件很难的事。许多学者付出艰辛，走访很多名人后，通过大量调研与总结，得出这样一个公式：

能力 + 动力（内在与外在）= 人的定位点

能力在这里指的是优势，而非弱势。只有优势才能转换为能力，而弱势是绝无这个可能的。

动力分两种，一种是内在动力，另一种是外在动力。内在动

力是内在的、精神层面的。

东方人更看中内在动力。

在工作中的内在动力包括：追求个人成长、完成工作之后的满足感、帮助其他人成长、找到工作的意义、忠于自己的信念。诸如此类，都是满足人们对意义追求的精神活动。

人们通常会说，这份工作我很喜欢，我很有兴趣，我享受其中，乐此不疲。这就是内在动力。而单纯的内在动力无法满足我们，还要有平衡，需要外在动力。

外在动力，是外在的、物质层面的。外在动力是人们最喜欢挂在嘴上的。多数人选择工作的时候，首先想到的就是多少薪水、什么待遇、有什么权力和头衔等。外在动力通常都是一目了然的。

单纯追求外在动力，对人来讲，也是无法满足需求的。试想一下：你为薪水或头衔来到一家公司，而从事的工作并不是自己喜欢的，你能坚持多久？在那个岗位上，你能忍气吞声坚持到什么时候呢？多数人的答案是，没多久就会辞职。

让我们看一个例子。

20世纪70年代，沃伦·本尼斯曾在辛辛那提大学担任校长，每天工作很辛苦。有一天，他在忙完工作之后看了看手表，惊讶

地发现已经是凌晨4点钟了。此时，他意识到了一个事实：这个学校要不是无法管理，就是他不适合管理这个学校。

这个经历让他意识到，他更喜欢与学生在一起，用自己的声音去影响别人。于是，他去了南加利福尼亚大学，在那里教书并写作。他在这样的生活中找到了自己的兴奋点，将其发挥到了极致。

一个人最明智的做法，当然不是为薪水工作，也不是完全为精神愉悦工作。精神与物质需要平衡，内在与外在要结合，单纯某一方面都无法满足人的需求。

事实上，在职场中因薪水、权力、企业品牌等，选择工作的人很多。当然，你可以说赚到足够的钱就换一份自己喜欢的工作。现实状况是，当你赚到足够的钱之后，你已经很难再做其他选择了。

那些知名的成功人士，无一例外不是在职业生涯早期就及时找到或调整了自己的位置，然后坚定不移地在一个"点"上奋进。

从初入职场到慢慢习惯环境，随着人生状态的改变，很多人被套牢，再也无法换赛道了。终身被禁锢在某个自己不喜欢的位置的人，在人群中是大多数。

人要选择好自己的位置，也就是定位点。如果想晋升，还要考虑一个问题：选择开拓新领域，还是在成熟的领域努力，更可

能实现目标?

　　人的精力都有限,记忆更有限。在一个组织里,出类拔萃的
人很多,绩效表现突出的人不会是少数,被领导看重的部门,往
往就是负责所谓的成熟领域。

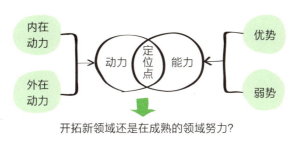

开拓新领域还是在成熟的领域努力?

两点一方向

　　总有些部门是组织高层特别重视的,如果你恰好在这里工
作,并且做出业绩,很容易被领导看到,被认为有实力,从而得
到晋升。当然,在这样的部门工作,很可能会面临激烈竞争,需
要过关斩将。你要将心态放平。有竞争是好事,至少你会从中得
到历练,得到宝贵的工作经验。

　　如果不喜欢与人竞争,那你可以另辟蹊径,去一个容易被领
导看到,但长久没有被重视的部门。在这样的部门,只要做出成
绩,领导必然会看到,认可你的能力。

　　两条路的选择,要结合企业的现实情况,谨慎而行,没有非

此不可的准确答案。在这里，重要的是思考的方法，而非结果。

成功从来都不可复制，在别人身上得以成功的东西，在你身上未必奏效。这是因为，两个人的背景、喜好、条件、优势、环境、机遇等千差万别，难以复制。

可悲的是，现在的市场上仍有诸多"大师"，每日面对徒弟宣传成功理念，其中不乏人力资源从业者。这令人不禁唏嘘，如果喊几句口号就能成功，还要知识干吗？

所谓成功学，除了让你有间歇性的激情，别无他用。安心拿着"公式"，找到自己的位置，才是正道。所以，你还等什么？找到自己的路，然后大胆行动吧！

发挥所长，站稳脚跟

一个人的长处就是优势。用人所长，这话一出口，就好像我们是站在高处的领导，面对的是低于我们层级的人。

事实上，从现代管理学的角度来讲，用人所长，除用下属所长外，还包括用上级所长、用自己所长。

用自己所长，是最容易被忽略的。试想一下：你连自己的长处都不知道，怎么可能用别人所长呢？

从组织角度理解，长处是人最"美"的地方。组织需要用所

有人之长，这样才能成为以优势为基础的组织。

在现实的组织里，无论用什么考核方法，最怕的是，一问到相关人，大家就不约而同地评价。那一刻，人们都以为自己是"上帝"，而非普通人。"上帝"评价完后形成的报告，被人力资源部"结结实实"地锁在档案柜里。对组织或考核者来说，这并没有真正的意义。这就好比"出发太久，忘了初心"。考核的目的是让人成长，而非考核本身。最有用的考核是发现人的优势。

让我们看一个例子。

公司的营销部有两位区域经理，他们的管理风格截然不同，分别负责长江以南、以北的业务。王经理从业务员做起，通过努力到达今天的位置。李经理则不同，他从会计转行做了销售工作。他们带领的团队业绩表现都不错。

这一天，王经理还是如往常一样：先找下属了解客户的出货情况，之后去设备车间，接着去参加经营会。到下午4点多时，他感到焦头烂额，疲惫不堪。

这时，李经理从王经理的办公室旁走过，王经理突然产生了一个念头：为什么李经理总是看起来轻松自如呢？他到底是怎样开展工作的呢？于是，他跑去找李经理请教。李经理笑呵呵地对他讲："告诉我，你的下属有哪些优势？"王经理一时回答不上

来。李经理看到他的表情之后，继续说："当你能回答这个问题的时候，你也就知道为什么我的工作比你轻松了。"

相信这时的你，已经了解了李经理的意思。李经理善于用下属所长，而王经理总是凭着自己的营销经验去工作，两个管理者的关注点是不同的。李经理是一位优秀的管理者，关注下属，真正用下属所长。而王经理只关注事情本身，只是一个专业人才。严格地说，王经理并不是一位称职的管理者。

组织用人是存在风险的。所以，在组织里，人事决策往往也是被决策层认为最重要的决策。

那么，如何发现人的优势呢？我们可以从三个方面找到答案。

一、知识

知识可以成为优势。我了解并掌握的知识，你没有，这就是优势。到目前为止，国内仍然缺乏精算师，精算师的通过率一直不高。假设你是部门里唯一一个取得精算师证书的人，那么毫无疑问，精算就是你的优势。

二、技能

技能可以成为优势。今天，很多行业已经自动化、机械化

了，但仍有很多行业看重人的技能。例如，演员塑造角色，上一分钟哭，下一分钟笑，是需要不断地训练的。如果让一个刚刚从电影学院毕业的学生来出演复杂的角色，他没有相关的经历，就缺乏相应的经验。例如：

早些年，北京王府井百货大楼有一个非常有名的人，叫张秉贵。他的工作是卖糖。他与别人不同，不需要用秤来称糖，用手掂量一下，就可以估算出来有多重，人送他外号"一把抓"。

中央电视台的《探索》节目曾播放过中国女焊接工的专题报道。焊接工拿着电焊枪焊接东西，焊接缝像人用手抹上去的一样平整。

显然，他们都是通过天天练，最终积累到一定程度才取得成功的。他们靠熟能生巧取得成就，这就是技能。

今天的很多岗位，依靠技能获得优势的人，比比皆是。例如：讲究火候与分寸的厨师、资深工程师、律师、设计师，甚至演讲师等。

三、天赋

天赋，这个词对常人来讲，好像距离很远。很多人觉得天赋

与自己无缘。令人可喜的是，这个想法是错的。天赋人人都有，而非只有天才具有。

从3岁到6岁，普通人的天赋在这个期间最容易被发现。所以，要鼓励孩子，在这个阶段更多地去接触新技能。天才音乐家莫扎特在4岁开始作曲，天才画家毕加索10岁左右的时候就取得了他的父亲20多岁时获得的成就，他们是天才最有利的证明。

随着教育学的发展，人们近年来加强对孩子天赋的挖掘。天赋就好像五根手指里的中指，每个人手指最长的都是中指。联想的前任董事长柳传志把这称为"中指理论"。

人的天赋是不会退化的。你或许错过了成为天才的机会，但你的天赋一直都在。天赋是你天生具有的，在某一方面比常人表现突出，那就是你的天赋。

从三个方面发现人的优势

与朋友一起去参加打球、游泳、弹琴、跳舞、唱歌、画画、

射箭等活动，你与大家都是第一次接触，都是同样的教练，而你最出色，通常你就具有相应的天赋。基于这个想法去寻找，天赋很容易被找到。

知识、技能、天赋都可以发展成为你的优势。找到自我优势，无论哪一个都可以，这个任务对你而言很容易。

别忘了，只有你最了解自己。其他人，即使用尽全力，也仅仅是了解你的某个方面而已。所以，现在就去留意并发展你的优势吧!

调整价值观，我们是"一样"的

在前文中，我们曾经探讨过价值观、这里就不再展开论述了。价值观是每个人都有的，只是有些人的价值观看起来很明显，在日常的言谈中就可以发现，有些人的价值观只有从具体的事情中展现出来。

为便于大家对自我价值观的了解，在这里进行一个测试，请大家在不太多思考的情况下，诚实地填写表格。

价值观测试

第一步，请阅读表格中内容，根据它对你的重要性在相应的空格中画钩，为所有价值项做出评定。用"其他"空格添加对你很重要，但未包含在清单中的价值项。

价值观测试表

价值项	不重要	比较重要	非常重要
成就（效果、完成任务）			
冒险（新体验、挑战、令人振奋的事）			
艺术表现（戏剧、绘画、文学）			
平衡（对生活的每个方面给予足够的关注）			
竞争（取胜、冒险的愿望）			
奉献（产生影响、付出的愿望）			
控制（掌权的欲望、井井有条的感觉）			
合作（团队工作、同他人一起工作）			
创造性（新理念、创新、试验）			
经济保障（不为财务状况担忧）			
公平（同等机会、倾听各方面的意见）			
名声（出名的愿望、被认可）			
家庭快乐（和睦相处、尊重、融洽）			
友谊（关系亲密、关心、支持）			
慷慨大度（愿意付出时间和金钱）			
健康（身体强壮、精力充沛、没有疾病）			
独立（自力更生、不被控制）			
影响（改变理念、他人、规则程序的愿望）			

续表

价值项	不重要	比较重要	非常重要
内在和谐（达到自我平静的愿望）			
完整性（诚实一致地展现你的价值观）			
学习（成长、知识、理解）			
忠诚（职责、忠贞、尊重）			
自然（关注环境）			
秩序（组织、一致性、稳定）			
个人发展（提高、发挥潜能）			
快乐（欣喜、乐趣、开心）			
权力（权威、对他人和环境的影响力）			
威信（可见的成功、头衔、地位）			
质量（卓越、高标准、极少犯错）			
认可（尊敬、承认、赞赏）			
责任（受重视、被信任、成熟的愿望）			
安全（对周围事物感到安全）			
服务（帮助他人、改进社会的愿望）			
自我尊重（为自己骄傲、感觉到自我的价值）			
灵性（相信更高的力量，或对这方面有兴趣）			
稳定性（持续性、可预测性）			
包容（对他人、他人的意见和价值观持宽容态度）			
传统（看重旧有的习俗）			
多样性（各种各样的活动和体验）			

续表

价值项	不重要	比较重要	非常重要
财富（物质方面富足）			
智慧（理解生活、做出准确判断的愿望）			
其他：			
其他：			

第二步，在根据价值项的相对重要性画钩之后，审视其中标为"非常重要"的测试结果。为找出7种你认为最重要的价值项，再将清单看一遍，确定7种对你来说最重要的价值项，按任意顺序写在下面的横线上。

"非常重要"的价值项中最重要的7种：

1. _____
2. _____
3. _____
4. _____
5. _____
6. _____
7. _____

在重新检查自己的选择时，想想它们是否是你真正拥有的，它们是否真正体现了你觉得自己应该拥有的价值观。你可能因为对某些外部影响（家庭、雇主、宗教、团体等）的忠诚而选择了某些内容，它们对你来说很重要，但不应该列入7种价值项之中，因为你选择的应该是能够实际体现出你的价值观的内容。

人们对自我的认识永远存有兴趣。当话不投机时，人们喜欢说三观不合。那么常人讲的三观是什么呢？三观，即世界观、人生观、价值观。世界观是指人们如何看待世界，人与人之间即使世界观不同，也很难直接产生冲突。人生观是人们对生活态度与

意义的根本看法。这似乎与自我，与家人相关，与外在的他人无关。

价值观是人们在行为背后遵守的准则。在人群、组织和部门里，我们无时无刻不与他人在一起，所作所为都能体现出价值观。

"三观"会在人们成年之后渐渐形成，与每个人经历的事情、从事的职业、遇到的人有很大的关系，包括社会环境的影响。

这里重点说一下职业。如果你从事的工作要求非常认真，那么即使你是"马大哈"，在岗位工作两年后也会变得认真严格起来。

你的价值观要尽量与上级一致。如果上级把家庭与事业看得都很重，那么就不要在上级面前表现出自己无暇顾及工作或者长久忽略家庭，因为这种表现显然与上级的价值观冲突。

你与上级的价值观相似或者至少不相悖就可以。如果两人的价值观截然不同，那么关系也就必然不会好。美国学者威廉·坎顿研究了文化的细微和谐现象。他发现：

人与人之间彼此喜欢，会有相似的价值观，对人与事的看法相似。

在评判人与事的时候，我希望你与上级看法相似，可以聊在一起，即使面对困难，也容易达成一致。

在工作中，尽早注意能够体现一个人价值观的言行，适当调整一下，让自己与上级"一样"。这是需要你主动去做的工作。别忘了，人的相同性永远大过差异性。

我期待你发生改变。

确认过眼神，上级想让你这样干

彼得·德鲁克说："有效的管理者经常问自己，我能为自己服务的机构，在绩效和成果上做出什么贡献？"他强调的是责任，讲究的是结果。从宏观角度讲，你与上级都是为组织的共同目标而努力工作。

你有自己对工作的认知与理解，上级也会有对你的工作的看法，你以为自己对自己的工作内容最清楚。在具体方向上，你一定是对的，但工作内容的主次与优先顺序，就一定对吗？

让我们看一个例子。

德鲁克曾经经历过这样一件事情：有位客户是银行家，平时非常忙，德鲁克每周用一个半小时的时间，为其提供管理咨询服务。

在为其服务半年之后，德鲁克问这位银行家："我不明白，为什么每次我们谈话的时候，从来不会有电话打过来，或者有人来找你呢？"

银行家回答："哦，是这样，我向秘书交代过，在我们每周谈话的一个半小时之内，只有两件事情发生才可以找我，一件事是总统来电话，另一件事是家里着火了。除了这两件事，其他事都可以等到我们会面结束之后再处理。"

德鲁克听后很惊讶，惊讶银行家这么看重他们的谈话，也惊讶银行家把时间安排得主次有序。然后，德鲁克非常客气地问道："在我们合作的半年时间里，我有哪些事情帮助了你，有哪些事情妨碍了你呢？"

银行家回答："是的，我一直想跟你谈谈。你每次给我的报告，我都需要再花4小时左右的时间，转换为我能直接用的东西。这对我来讲，很浪费时间。假如可以的话，每次报告能直接给我完全可以实际应用的东西，就最好了。"

德鲁克是伟大的管理学家，精通多种学科，也曾进入政界，与马歇尔、基辛格都是故友。他一生为很多大型组织提供管理咨询服务，也是世界上第一位站在大学讲台上讲授管理学的教授。即使如此，他也万万没有想到，他的辛苦工作会在无形中给银行家带来这么大的"麻烦"。

人们对自己的工作、对细节过度投入，容易形成个人固有的偏好；相比而言，对宏观大局，会无意识地忽略与回避。谁都是

如此，人有很多局限性，即使看起来比其他动物优秀。

让我们看一个例子。

在企业界被广为称颂的世界第一首席执行官杰克·韦尔奇，在二十年中培养了二十多人做他的继任者。在退休之前的一年，他才从这些人中间选择了三位重点培养，在离任前一个月才确定由杰夫·伊梅尔特做接班人。

伊梅尔特在30岁的时候曾经被认为是公司内部最有前途的新星。可就在这个阶段，他遇到了职业生涯中最严峻的考验。当时，公司安排他回塑料部门担任营销总监。由于只是平级调动，他完全可以拒绝公司的安排。杰克·韦尔奇告诉他："我知道这并不是你想要的，但我觉得这是你为公司服务的一次机会。"

伊梅尔特听从了杰克·韦尔奇的建议，但结局对他并不美好。在他上任之后，由于市场竞争激烈，他与大客户签订了一份固定价格协议。与此同时，美国突然发生通货膨胀，企业成本一路飙升，最终利润仅有原来的70%。他曾试图通过提高价格来弥补，但这会直接导致与客户的关系恶化，最终只好作罢。

在这一年，伊梅尔特一定非常后悔。起初他不想调动，但最终听从了上级的建议，有了这一次与以往不同的人生体验。你或

许会认为这是失败的体验。不，没有人可以随随便便成功，任何人在取得成功的道路上都会遇到意想不到的困难。虽然这一次的结果不理想，但伊梅尔特从中得到了宝贵的经验。之后，他的工作更加努力，不断取得傲人的成绩，最终得到上级的肯定与器重。

上级在某些层面可能比你看得更高一些，尤其在宏观与战略层面看你的工作。这与上级本身的能力无关，与上级的位置、与他掌握的资源与信息有关。

经常有学员问我这样一个问题：不知道与上级在一起的时候说点什么、聊点什么，感觉除了汇报工作，没什么可以谈的了。

每当这个时候，我都会建议他们，利用这样的机会，多听听上级对自己的期望是什么。你要搞清楚自己与上级的期望是否有差距，不是从你的理解出发，而是从上级的角度去确认这一点。

例如，作为当事人，你以为工作最重要的是做一、二、三、四、五、六项内容。当然，你的岗位说明书或许比这六项还要多，我们按照实际工作内容为准。当你与上级聊过之后，他有可能一再强调的是，你需要把精力重点放在其中部分内容上。这样的结果往往会令你惊讶不已。

现在的你，可以去主动"创造"一次与上级的私密谈话，话题的内容就是关于调整你的工作期望的。那么，你会如何设计这次谈话呢？

上级对下属的期望

期望下属具有的特点	有此期望的上级所占的比例
良好的工作绩效	78%
良好的交流与反馈能力	64%
领导能力	60%
忠诚和服从	60%
诚实	53%
激励及支持	50%
授权和自制	37%
主动性	31%
其他技能	26%
专业能力	21%
信息能力	17%

资料来源：《世界经理人》杂志

上文讲到，下属需要调整自己的工作内容，与上级的期望达成一致。而这个表格所谈的下属的能力，是上级作为职业经理人，更加看重下属需要具备哪些能力。

基于人力资源角度，每个岗位都应该有一个能力素质模型，而能力素质模型中的能力占比，是基于工作内容推导出来的。

请问：基于以上表格提到的上级对下属能力的期望，结合自己所在的岗位，属于你的能力占比情况应该是怎样的？你在其中的表现如何？

第 **4** 章

有效的逆向管理
能超越预期地解决问题

作为下属，每个人都希望自己在上级眼里是不可多得的人才，但如果下属仅仅是每天按时完成本职工作，没有其他突出表现，怎么可能取得逆向管理的成功呢？

任何成功都需要一个人付出和经营。在工作中兢兢业业是你的本分，公司需要每位员工从更高的层面看待自己的工作。这里的意思是，员工不仅要做好本职工作，还要有更高的认知，至少在直接上级层面。当然，不乏一些能力突出者，超出上级的预期，从微观到宏观，了解公司的事务。这种人有助于公司整体目标的实现。

那么，如何做到超越上级的预期完成工作呢？

从现在做起，端正对上级的态度，你只能看重上级的优点、才华或能力，而不能因为上级有缺点或盲点，而表现出任何轻视对方的举动。

下面我们从一个故事讲起。

王经理从人民大学毕业之后，来到一家公司工作。他从基层程序员开始，一晃十年过去，终于熬到了现在的经理位置。可是，令他万万没有想到的是，他现在面对的上级竟然是一个只有高中文化、没什么专业背景的公司"老人"。回想当初，一路走来，每个上级都可以在专业上指导与帮助自己，而且彼此关系也

很融洽。如今遇到这样一个上级，他不知道应该怎么去面对。

这一天，上级找王经理谈话，让他讲一讲在新岗位的工作感受。王经理很委婉地说了一些场面话。临近结束时，他还是没忍住，表示希望上级在专业上多帮助自己。

上级听后明显感到不悦，之后很快恢复了平静。

此后，上级很少找王经理谈话，也从未表现出对他工作的认可或者否定。每当王经理想主动向上级汇报工作的时候，上级都会说："你写份报告给我的秘书吧。有什么困难一定要说啊，我会全力支持你。你是公司的老员工，你的工作我放心。"在现实中，上级到底怎样看他，王经理并不清楚。

后来，公司新上了一个项目，这个项目的技术方面由王经理负责的部门牵头，同时需要一个分公司的技术团队过来协助。王经理想当然地认为，他肯定是这个技术团队的负责人，毕竟他才是公司技术部的大腕，况且这个新项目涉及的技术，是他多年来的研究方向。他认为再也没有比他更适合的人选了。分公司技术部的人再怎么出色，也不可能比他强。所以，他没有多想，只等着分公司的同事过来。上级那时会宣布新项目成立的一些细则。

让他万万没想到的是，在新项目成立会上，上级把项目整体分给了分公司的一个同事负责，而他只是副手，协助完成这个项目。那个同事比他的资历浅，学历也不如他，并非出自名牌大

学，进公司的时间也没有他久。

王经理很郁闷，部门的同事也很不解。每次与同事私下聊天，大家都会建议他跟上级多聊聊。他不知道怎么找上级说这件事，就这样痛苦地过了半年，然后辞职了。

一年后，在一个偶然的场合，王经理遇到了以前的同事，了解到新项目已经投产上市，产品反应很好。他的上级与负责新项目的同事为此都得到了董事长的提拔。王经理听后非常失落，但不知道自己到底错在了哪里。

王经理错在哪里呢？王经理之前的岗位都是围绕技术部门，也就是在专业范围之内，他的眼界都是固定在"传帮带"的管理形式上。他一贯以为，上级应该在专业上比他强，这是他的错误认知。管理者需要具备的是管理能力，而不是专业能力。

上级学历不如他，专业不如他，这是他看不起的地方。虽然他的想法在言语上并没有表现出来，但在两人最初的一次无心谈话中，已经让上级有所"领悟"了。被下属轻视，有经验的上级是不可能忍受的。王经理的上级是公司元老，在管理方面有非常丰富的经验，他一眼就看出王经理是怎么想的，是怎么看待自己的。试问：上级怎么会容忍一个看不起自己的下属留在身边呢？这是张经理犯的第二个错误。

　　王经理以为自己能力强、学历高、资历深，就必然得到重用，这是他犯的第三个错误。学历高代表过去，而非未来。下属能力强应该被重用，但能力强，与自己不一心，试问：哪个上级愿意把资源分给与自己不是一条心的人呢？

　　王经理在工作中没有主动性。这是他犯的第四个错误。王经理是技术总监，属于管理职位。管理并不是靠自己完成工作，要靠团队去完成工作，这也是管理者与员工的最大区别。而王经理显然还没有转换好角色。如果一个人身处技术岗位的话，需要不断学习并积累经验，目标是成为技术方面的权威。王经理是技术岗位出身，换到管理岗位上，却从未放弃专业技术，一直在半员工、半负责人的状态下开展工作。倘若他有管理思维，把专业放下，多找上级汇报，多请示，真诚地与上级交流，或许上级对他的尴尬印象早就改变了。

　　事实上，下属专业性强，而且有上级不及的地方，最可能成为上级眼中的"核心竞争力"。对下属来说，这绝对是好事。

　　逆向管理能力强的下属与资源丰富的上级配合，新项目取得成功，是意料之中的事情。至于王经理的离开，上级原先对他不闻不问的时候，其实就已经注定了。

　　组织是分层级的。职位高的人权力大，能力强，资源与信息掌握得也足够多，付出得也多，承担的责任也大。他们不仅上班

想着工作，下班也想着工作，甚至无法明确上班和下班之间的界限。职位低的人权力小，资源与信息掌握得也必然少，付出得也较少，承担的责任也小。下班后，他们不再考虑工作中的事情，上班和下班之间的界限分明。这看起来是公平的，多劳多得，但从资源支配的角度来讲，二者并不平等。

做下属的，永远不能把上级当平级同事看。上级有缺点或做错事，包容是下属的分内事。下属要多请示、多汇报，让上级对你的工作情况有足够的了解。如果有机会，下属要主动帮助上级，这样你就已经走在超出上级预期的路上了。

与上级有分寸和界限，规矩为先

下属与上级的分寸和界限，不是单纯由上级说了算，也不是完全由规章制度说了算，而是由组织文化与上级的沟通习惯共同决定的。

从宏观看，下属与上级之间的分寸和界限是由组织文化决定的。文化是写在公司的员工手册、公司网址上的，用于对外宣传，采用的故事与词汇一定是积极向上的。严格说来，那是一种美好的向往，是组织领导者在实现组织未来愿景的过程中，更希望团队成员具备或表现出来的风格与特点。

当然，现实中的组织文化或许与宣传文字有所不同，是领导者与团队成员真正表现出来的。多数人都会渐渐习惯一个组织的氛围而被同化，这就形成了组织文化。

先来看看下面两个组织的文化。

1908 年，亨利·福特经过三次创业，成立了福特汽车公司。在此后很长一段时间，他都是美国民众心目中最受尊敬的十大企业家之一。

福特曾在人们对营销没有认知概念的时候，大胆提出"每降

低1美元，用户就会增加1000人"的口号。为此，他发明了汽车流水线，使原本高昂的汽车价格降到普通员工都可以承受，这是他最辉煌的营销举措。

可惜的是，福特后来开始集权。他的组织内部再没有高管，只有内部警察。内部警察在私下了解高管们对福特的主张或颁布的制度持有的态度，一旦发现有异议，便汇报给福特。第二天，有异议的高管就会离开福特公司。周而复始，福特公司只有福特一人说了算，没有人再敢有反对意见，形成集权组织文化。

与之同一时期，在组织文化上形成极大反差的是通用汽车公司。通用汽车公司的第一任经理是阿尔佛雷德·斯隆。斯隆创造了分权管理方式，大家有问题可以随时提出。斯隆特别主张，只有反对意见才能降低决策风险。对于某个问题，如果在会议中只有一种意见，他会不假思索地宣布改日再议。他认为，从多方面看问题，从多种角度得到多种答案，才是解决问题的有效方法。这是另一种组织文化。

具有什么"特质"的组织，产生什么样的文化。不同性质的企业，即使追求的都是绩效，为客户提供好的产品与服务，但企业文化一定有差异。

职场第一份工作，往往奠定职场中人的文化基调。你容易发

现，某人在外企工作几年后，去国企或民企，会很不适应，最后只能选择离开。这种不适应，不是因为岗位工作内容，而是因为组织文化差异。

试问：你所在的组织具有什么样的组织文化？在这样的文化氛围中，你是享受其中，还是备受煎熬呢？

从微观看，在组织文化下，上级的沟通习惯是怎样的？这方面可以分为两点来看。

一、你要在每次工作交办的时候，都要做到反向陈述

反向陈述是下属避免超越界限的一种有效方法。让我们看一个例子。

下属 A 与下属 B 分别被上级派去了解市场土豆行情。下属 A 从市场回来后，只是告诉上级今天土豆的价格。上级再问，便什么都不知道了。下属 B 从市场回来，除告诉上级今天土豆的价格之外，连土豆的产地、土豆今年每个月的价格走势、土豆今年的收成情况、种土豆的农民对明年种植的考虑等，都了解得清清楚楚，并如实汇报给了上级。

请问：下属 B 的工作是上级特别交代的吗？显然不是，上级

交代任务通常有自己的习惯。那么，同样的上级与同样的指令，为什么下属A与下属B做事的结果差距这么大呢？在表面上，这是由于两人对上级要求的理解不同，实际上是两人对上级的沟通习惯认知有差异。下属A在这件事情上缺乏思考，无疑让上级看来是减分的。那么，如果你是A，尤其面临自己没有经验的事情的时候，如何避免自己考虑不周呢？答案是，通过向上级开展反向陈述来避免。

反向陈述是下属对工作中遇到的不清晰的环节，采用向上级提问或请教的方式，经上级确认之后再去行事。同样是上级要求下属去了解土豆行情，下属A想到的只是价格，下属B认为除了价格，上级或许还想了解一些其他的东西，当即就开展反向提问："您看，除土豆价格之外，我还需要了解哪些数据呢？"这样与上级互动之后再去行动，下属的调研结果与上级的期望误差就会降到最小。

当然，下属提问时要客气，不要怕麻烦，更不要怕上级不耐烦。下属要了解上级的所思所想，这个过程是不可避免的。只要下属询问的内容围绕工作，有目的，有理由，上级一般都会欣然接受。下属有了几次类似经历后，就可以按章（上级期望）办事了。

这样做对于下属的好处：首先，省时省力。下属去市场之

前，问清楚上级希望了解的内容，就不用跑第二趟了。其次，下属不会因过于简单思考与行动，被上级误解为工作不用心，工作积极性由此受到打击。

二、在完成工作之后，让上级了解工作进度或结果，拉近彼此之间的距离

越是职位高的上级，在吩咐下属工作的时候，越是喜欢言简意赅，只表达宏观要求，具体工作内容与时间进度往往由下属自己掌握。坦白讲，这样的状态非常考验下属的逆向管理能力。

让我们看一个例子。

《勇敢去敲企业最高领导的门》一书的主人公李绍唐，自小家境贫寒，从众多竞争者中脱颖而出，进入IBM。他从底层员工做起，连续10年获得IBM百分俱乐部奖，这一纪录迄今无人打破。他被称作"拼命三郎"。在工作15年后，已经40岁时，他终于获得协理的职位。距离当公司的首席执行官，他的前面还有十位前辈，假设每任首席执行官在职三年,当他70岁时才有可能排到。基于此，他勇敢地去问企业最高领导："我到底有没有爬到金字塔尖端的机会？"企业最高领导回答："机会不大。"

回去之后，李绍唐花了很长时间想这件事。两年半后，他辞

职去了甲骨文公司，后晋升为该公司台湾地区总经理，华东暨华西董事总经理，再后加入多普达公司，成为总裁兼首席执行官。

在《勇敢去敲企业最高领导的门》一书中，李绍唐表示，下属要主动去敲企业最高领导的门，不单是敲企业最高领导办公室的门，而且在遇到企业最高领导下命令，与原先的想法不同的时候，要敢于问上级为什么。一旦你提出这样的问题，就更了解企业最高领导背后思考的动机，无形中缩小了与企业最高领导的距离。

有记者采访李绍唐，问："你是如何做到现在的位置的？你认为自己的核心竞争力是什么？"

李绍唐说："我认为，做下属最重要的是要注意三件事：第一，讲话的语气一定要低。第二，尊敬企业最高领导，给他面子。第三，你要谈事实。"

记者问："你工作做完，会马上有什么新任务吗？"他回答："一项工作结束后，我就会去敲上级的门，请上级布置新任务，让上级随时了解我的工作进度，看到我的进步。"

李绍唐没有强大的背景支持，从普通"草根"成长起来，最后成长为跨国公司的中国区总裁。这与他的逆向管理（与上级的分寸和界限把握得恰到好处）能力分不开。人与人之间的分寸和

界限永远存在，不会因为一时的亲密关系，界限就会消失，也不会因为地理位置遥远，界限就增加。

分寸和界限最容易被忽略的情况，往往是在下属与上级关系出现极端情况。如果下属和上级关系好，很可能凭借这种关系，懒得去投入精力，草草做完工作了事。此时下属最应该做的是行不逾礼。

如果下属和上级关系差，下属很可能害怕与上级交流，不是特别了解上级的意图，有应付工作的心态，在行为上也会显露出来。上级一旦发现下属的工作质量不高，下属的处境会发生什么变化，也就可想而知了。此时下属最应该做的是：多请示，考量上级对自己的认可程度，做到心中有数。每个上级都有自己的沟通习惯，都有自己的偏好和风格，但没有上级会对尊敬自己与谦卑做事的下属进行挑剔。严守与上级的界限，把握分寸，熟悉组织文化，值得每位下属认真思考，三思之后再去行动。

遇到不解，对上级要有"理解心"

上级与下属的层级之差，注定两者看问题的角度、接收的信息、得到的答案存在差异。我喜欢用这样一个比喻：下属好像站在一楼看风景，上级好像站在十楼看风景，一楼与十楼的层高差

距很大，看到的景色必然不同，他们得出的结果也就不同。

我明白，在组织里，你从来没有感受到，也不认为自己与上级之间存在这么大的"楼层差"。但是，请相信，你们之间的差距一定存在，只是你或许根本没有意识到而已。

有人说："在其位谋其政，不在其位怎么谋其政？"你不可能只凭单纯的想象去理解问题，你对上级的岗位职责永远不会全部清楚，除非有一天你到了他的位置才能完全体会到他的不易。

让我们看一个例子。

小王搬进新家，他的新家所在小区是一个中档社区，一梯两户，邻居很和善。小区内的绿化做得很不错，花草树木常年被打理得绿油油的，令人心情愉悦。因为家里有宠物，小王每天都会在小区里走走，所以对小区的绿化比较在意。

除此之外，小王也没有过多留意其他事情。但是，住了半年后，他陆续发现很多问题：垃圾桶周围总是很脏；有些邻居把不要的家具扔在一楼的楼梯口，放很久都没人去处理掉；小区内的车子乱停乱放，他几次下班回来要停车时，发现有人把车停在他家的车位上；当他深夜出差回来时，叫保安开大门，对方都是拖拖拉拉的；楼上刚搬来的邻居爱吵架，投诉多次物业也不管……这些问题让小王对物业服务产生了不满。

这一天，小王在楼下遛狗时，遇到一位物业工作人员，于是聊了起来。这位工作人员没有把小王当外人，向他分享了很多隐情。小王这才知道，因为物业工作特别辛苦，一直有人离职，没有新人加入，剩下的每个人都焦头烂额，工作时间也改为了三班倒。

听到物业人员讲完这些话，原本想抱怨的小王，没有再说什么，只是向对方点点头，表示理解，之前他想抱怨的那些事仿佛都不算什么了。

为什么小王改变了态度呢？因为之前他是从外向内看，是评判的心态。对方和小王讲了那么多隐情之后，小王才算真正了解物业人员的工作。他以为他是小区住户，看到小区内发生的种种现象，就是对物业很了解了，其实不然。当他知道物业工作的真相之后，从外向内看变成了从内向外看，两者显然差别很大。

在诸多事情上，我们大多是在从外向内看。试想一下：你的朋友、同事、家人，有谁真正了解和理解你？如果你不去敞开心扉向人诉说，对方怎么可能对你有客观的认识？

每个人都很忙，每个人都是在人生舞台上扮演多种角色，每个人对你的了解都只是在一种角色设定下的片面认知。人常说"知己难求"，由此可见了解一个人的难度。

在日间忙碌之时，现代人无暇顾及这些内心需求。每当遇到

事情，我们都会陷入沉思，希望有人真正了解自己。

每位上级都是从低层一步一步地成长起来的，也都是普通人。未来的你有一天也会成为上级，存在令下属不满意、看不惯，甚至看不上的问题。除了能够共情，你还要做"钝感力"强的人，更加豁达地思考问题。

包容上级才是"成全"自己

谈到包容心，人们习惯认为是上对下、老对少的一种处事态度。例如，父母对孩子、上级对下属、老人对小孩、强者对弱者。当然，我在讲管理课程时，会告诉管理者们，要有家长、长辈之心，学会宽容下属，尤其是管理者面对那些比自己专业能力强的下属，更应该锻炼"包容"与体恤下属之心。

天生具有包容心的人是极少的。多数人经受过"委屈"之后，"心"被渐渐撑大，能够容得下之前看不惯的事情，容得下之前看不上的人。

如果没有看到过、思考过，甚至经历过，人们很难有包容心，也就谈不上体恤他人。所以，前辈总是对晚辈有包容之心，而很难见到晚辈对前辈有包容之心。

通常来讲，下属比上级更年轻，所以下属习惯把自己放在需

要照顾与帮助的位置上，如果上级恰好如此看待下属，那么两者节奏合拍，步调一致。

但现实总是与理想存在差距。假设上级与下属的年龄相当，而且经验看起来并无明显区别，上级只是进公司的时间比下属早一些，或上级只是在面试的时候表现得更有资历。在这种情况下，下属会心甘情愿地信服上级吗？谁来包容谁？谁先主动妥协？

让我们看一个例子。

小莉是人民大学的研究生，毕业之后顺利进入国企担任总经理秘书。她的直接上级是一个比她年长几岁的主管。小莉的工作与之前想象的完全不同。她以为总经理会带她一起去见客户，她做会议记录，可以长见识，增加阅历与人脉。这是她选择这份工作的主要原因。

事实上，总经理每次出门都是带主管去见客户，而不是她。她只是负责订机票、记录总裁的行程安排、转接电话、记录来访情况、打印文件等事情。这在她看来都是一些极为琐碎且没有意义的工作。三个多月时间过去了，她已经开始有了职业倦怠。

这一天，因为小莉给总经理订酒店出了差错，主管把她批评了一通，令她很不爽。她想：多大的事，不就是订错酒店了吗？总经理又不是不会订，重新订一个就好了。我一个堂堂的研究

生，天天做这些事情，这不是大材小用吗？有好工作，主管都自己做，也不分我去干，总让我做一些连小学生都会的事情，还批评我，真的太过分了。

小莉已经是第二次出现这种事情了。每次总经理电话打过来都很生气，交代主管，一定要找小莉谈谈心。主管和小莉谈过了，小莉也没说什么。她只能叮嘱小莉，如果再出现这样的问题，她就不能再袒护她了，她会被公司辞退。

小莉的主管是一位与小莉年纪相差不大，同时对辅导下属的经验比较欠缺的管理者。主管所谓的与小莉谈心，只是询问与批评，并没有起到相应的作用，而更像是同事聊天一样，最后把自己想到的最差的后果还提前告知小莉。这对涉世不深的小莉来讲，并没有起到激励的作用。她对主管、对公司只有不满，没有任何悔改之意。这样对吗？如果你是小莉，应该怎样想？

毫无疑问，小莉在订酒店一事上做错了，原本应该道歉，并向主管表明态度，之后在工作中认真严谨，注意细节，请主管放心，以后不再出现类似的事情。而小莉并没有这样做。她的理由是，主管对自己很差，她知道自己不对，但不想向主管认错。

主管没有讲清楚的地方是：小莉对工作没有经验，假如把见客户的事交给她做，如果没有人引导她的话，她必定应付不了。

新手需要慢慢成长。

　　显然，小莉没有认识到这一点，她只是认为工作要有前途，同时紧盯主管对她的不妥之处，忘记了自己的问题。

　　试想：职场中有几个下属不是"小莉"呢？他们对上级挑剔，看不到自己的问题。有包容心、有肚量、有目标感的下属，一定不是多数。既然如此，那就接受环境，改变自己吧！把自我放在比自己的职位更高一点的位置，做少数精英分子，提升自己的格局与眼界，成为上级眼中善解人意的下属，不是更好吗？

了解工作中的权限，是必要动作

　　人与人的关系，在组织中是错综复杂的。无论职位为何，你都要注意彼此的工作权限和尺度；否则，当你需要大家帮助之时，很可能被拒绝。

　　在通常情况下，因为目标一致，所以上下级之间的关系表现得相对简单。也有些组织，由于结构设计不完善，上下级的权限并不明确。作为下属，需要主动征询上级的意见并不断确认，拿捏好工作尺度，这才是长久之计。

　　让我们看一个例子。

时间过得真快，转眼间，玥玥在一家公司已经工作快一年了。据说，当初上级是因为她既能做商务又能做法务工作，才录用她的。

上级是负责财务与商务工作的公司副总经理，年过半百，但非常敬业。为给公司节省成本，上级取消了法务职位，把法务工作合并到商务范畴下，这让玥玥的工作量加大。上级的工作也不轻松，天天加班，成为名副其实的"劳模"。

玥玥的职位是商务经理，她有一个下属C。下属C的工作能力一般，来公司的时间比玥玥早，与玥玥的交情一直看起来不错。下属C做事情有些马虎。她有几次审核合同都没有看出问题，在其他部门投诉之后，玥玥还要重新审核。在表面上，两人是上下级关系，实际上工作差别并不大。

在表面上，玥玥是经理，实际上是一个人做事。此外，她还要偶尔帮下属C救火。想到这些事，玥玥就很头疼。她希望等到年底考核的时候可以把下属C换掉，重新找一个称职的下属。没想到的是，到了年底，人力资源部通知她，对下属C的考核，是由她的上级——公司的副总经理——负责的。这让玥玥很生气。

玥玥向上级询问此事，得到的回应是，这是以前遗留下来的程序。上级希望玥玥不要因此事受到影响，表示下属C的问题他会在合适的时候进行处理。

很多职场中的下属，都会有类似玥玥一般的经历。或许具体事情会有不同，程度千差万别，但上下级之间的相互期望总会有落差存在，最终导致矛盾产生。

如果上级偏袒你的下属，你该怎么办？在你入职的前三个月，你应该已经完成了对（这种不健康的）组织的了解，为什么一直要拖延下去呢？三个月的试用期，不仅是组织对个人，也是个人对组织的一个适应的时期。在通常情况下，三个月的时间，已经足够你了解组织中存在的问题了。

你可以通过具体事情，直接了解上级对你的下属的态度，也可以婉转地请教上级，对管理下属的心得。从日常的点点滴滴的小事中，你可以发现上级对某人某事的态度与观点。

绩效好的组织都一样，绩效差的组织各有各的问题。好的组织可以给你实现职业梦想的机会，不好的组织会令你身心俱疲，没有你要的"诗与远方"，只能给你"苟且偷生"的人生体验。从长远来看，这对你树立健康的职业观，只会起到负面作用。

你无法确定遇见的组织都是专业正规的，只能把握自己的观点与想法，遇到不健康的、在管理上有问题的组织与企业最高领导，要通过早期不断磨合，得到正确的判断。如果是畸形组织，自己无力扭转，你要有勇气拒绝或离开。

每个人的职业生涯是漫长的，也是短暂的。对多数人而言，

整个职业生涯有三十年或者四十年的工作时间（随着时间发展，国家规定的退休年龄会推迟），而且会比父辈的工作时间长。对个人而言，职业生涯的每一步都会被记录在履历表中——走得好就会被记录为光鲜亮丽，不仅当时受益，而且对日后的工作有帮助，而如果走得不好，不仅现在会痛苦，对日后的工作都会产生不好的影响。

所以，从每次选择工作到全身心投入工作，都非常重要。岗位职责规定的内容或许对你没什么挑战，但决定事情成功与否的，往往不是事情的难度，而是同事关系相处得如何。同事关系好了，你会如虎添翼般顺利；同事关系不好，处处都是坎坷与挫折。与上级的关系，无论何时何地，你都要心里有底，心里没底的时候要有勇气、有耐心。

尊重上级，赢得信任

在同事之间，赢得对方信任的前提，是相互尊重与支持。在日常工作中，同事之间不应该随意开玩笑，即使是认为对方不妥的行为，也不要用以取笑对方。

在日常工作中，上级需要知道下属在做什么，下属要主动汇报得失，请求上级督查与指导。上级吩咐的工作，下属要迅速行动，不能拖拖拉拉。遇到可能引发上级怀疑的事情，下属要公开表明态度。如果与上级存在分歧，下属也要先肯定上级的意见，表达忠诚之心，再提出自己的理由与观点。

今天的社会，人与人之间建立信任，并不容易。这是商业文化造成的。商业宣传与包装过度泛滥，"一切看起来那么美好"，但仅仅是看起来而已。很多人对各种包装的崇尚，已达到痴迷的程度。

可是，人们追求真实性的内在需求，却从未改变过。一方面，人们期望通过高明的营销手段，快速获得他人认同，取得想要的结果。另一方面，人们害怕被他人的包装技巧迷惑，最后上当受骗。

真诚、实在、忠厚、老实、本分这些代表人的优点的词汇，

正在经受考验。不是人们不需要这些词汇代表的品质，而是人们不愿意去彰显这些品质出来，唯恐被当成"傻瓜"。

有些人崇尚所谓婉转、讨巧，甚至趋炎附势的行事作风。年轻的朋友或许以为这是高明的处事风范，实则不然。

沟通的基础是信任，如果信任都没有，那么你和对方说什么都没有意义。因为彼此不信任，所以相互之间在任何时候都在防范对方，都会试探。在职场中，下属希望与上级建立信任关系，下属必须有真诚的行为表现。

彼得·德鲁克说："卓有成效的管理者的必要条件是正直与诚实。"所谓正直，就是无论面对任何人，无论在什么时候，都用一种态度去评价对方，不受外界影响。

那么，下属要如何以尊重为本，去赢得上级的信任呢？

一、下属要创造足够的机会，与上级建立信任

在这一过程中，表明态度是基本的操作，真实支持上级，不用过度包装，尤其在彼此还不熟悉的情况下更是如此。如果上级对你的能力存在怀疑，你要主动提交自己每阶段的行动计划与实际工作进度，用成绩证明自己的价值。让上级在与你相处时感到"舒服"和放心，而不是尴尬或不安，这才会使其积极主动地帮助你完成工作目标。

二、下属要严格要求自己，在工作中尽量杜绝让上级失去信任的行为

让我们看一个例子。

沈某是一家上市公司的北京区经理，他负责区域内三家代理商的进货与销售。他的团队有十几个人，都是业务人员。他本人也是业务人员出身，之前在一家外企工作多年，有丰富的工作经验。

他的上级是王总，原本是一家民营企业的总经理。王总的情商极高，当年因为绩效好、业务能力强，从一个普通的业务员成长为总经理。

公司内有部分人是"元老"级别的员工，都不太服从沈某管理。这种现象是普遍存在的。王总对此很了解，每当出现问题，也只是劝解，并没有任何其他行动对沈某给予支持。

春季糖酒展示会开始了，沈某与下属一起带着公司的产品去参展。糖酒展示会上的工作安排与产品展示，都是在计划之内的，没有出现任何差错。回来之后，王总把沈某叫到办公室，用严厉的语气说道："你怎么回事，在展会上不好好工作，与其他厂家交换什么礼品？"

沈某一下子被问傻了，不知道该从何说起。他毕业的第一份工作就是做快速消费品，参加糖酒展示会也不是第一次。他认为

自己与部门的表现都没有问题，王总怎么会莫名其妙地说什么交换礼品呢?

他一时语塞，最后想起来，在这次展会上遇到了以前的同事，在一起聊了几句。临别的时候，他送给以前的同事一个公司的促销品，对方给了他一个计算器。他不认为这是什么事，所以也没背着人，让下属都看到了。他万万没想到，在他看来无足轻重的小事情竟然被告到王总那里，这让他十分意外。

想到这里，他把事情一五一十地汇报给了王总。王总没有再说什么，只是让他注意，他的行为要起到表率作用，不要因为这些琐碎的小事毁掉自己的前程。

王总并没有直言，公司的东西不能作为个人物品随意送人，不能作为拉拢客情关系的工具。王总知道，业务人员需要搞好客情关系，不仅需要客户提供信息，还需要同行给予支持。作为局内人，王总对沈某的工作非常了解。他之所以找沈某谈话，是让他注意，不要因小事影响自己的声誉，损害在团队内的管理权威。

在这件事情上，王总是信任下属的。试想一下：如果他们之间不信任会怎样? 王总一定认为沈某是一个贪小利、自私的下属。有很多人看到，有人举报，而且沈某也没有为此反驳，显然事情是真实的，上级最终怎么看待这件事就成为重点。

上下级之间相处，有很多类似的情况。下属因为没有经历过某种情况，想不周全，出现误差与疏忽在所难免。任何人都有第一次，都会有不完美的表现。

沈某是幸运的，遇到了一个好上级。如果遇到的是一个昏庸的上级，或许会因为这件事情对他公开批评，甚至对他的人品产生怀疑。上级信任下属的人品，下属信任上级对自己的评判，这是基于彼此的信任。

三、下属勇于承认错误，用真诚的态度赢取上级的信任

如果沈某不承认错误会怎样呢？最轻的后果是王总对他的人品产生怀疑，而这对沈某来说，也是最重的惩罚。在表面上，王总可能不会再说什么，但对他一定有了看法："这个下属不实在，对我不真诚，不是自己人啊！"这样的想法一旦产生，未来上下级相处就很难了。

话又说回来，假如沈某是被诬告的，他从来没有做这件事，那他也要真实表达。上级常常因为自己以往也犯过类似错误，会有一种近于原谅的态度，能够体恤下属。所以，下属在做错事的时候，要勇于承认错误，争取得到上级的理解或原谅。

四、下属主动向上级汇报自己的工作得失，要求上级对自己的工作进行督察与指导

下属有时候做错事情，是因为能力不够，有时候是因为疏忽，有时候是因为涉世不深，考虑不够周到。每当这时，下属要明白，你与上级的关系正在受到挑战。

让我们看一个例子。

杰克·韦尔奇与秘书罗塞娜一起共事长达14年之久。罗塞娜在《向上，向上，做副手的学问》一书中，提到这样一个故事：罗塞娜曾经要给客户寄一份合同，双方约定同时寄一张支票。但她忘记支票，只是邮寄了合同。按照约定，支票在三天内与合同一并寄出，否则需要支付给客户赔偿金。

事发当时，韦尔奇在日本开会。罗塞娜只好写邮件给韦尔奇，但邮件发出去很久都没有回复。她打电话给韦尔奇所住的酒店，还是联系不上。直到晚上，他们才取得联系。韦尔奇并没有过多指责罗塞娜，只是说自己会处理的。

事情过去多年，罗塞娜提起此事，仍然记忆犹新。要知道赔偿金可不是一笔小数目，如果真的要她赔偿的话，无论如何都赔不起。她非常感激在紧要的关头伸出手来帮助自己的上级，之后

工作更加努力了。

　　上级对下属的信任，无论在什么年代，在什么组织或行业，都是下属宝贵的资源。下属一旦拥有上级的信任就要珍惜，小心去维护。要知道，人的情感是脆弱的，很容易被打破。不经意的一件事，甚至一句话，都可能破坏彼此的关系。好关系是需要用心去建设和维护的。

精心化解与上级的分歧

　　在工作中与上级有分歧很常见，毕竟彼此对问题的了解、观察的角度不同。遇到此类情况，要如何正确提出自己的见解呢？下属在提出意见时，不能令上级感到不悦。那么，就要考虑在什么样的情景下提出意见，更容易被上级接受，在什么样的情景下不适合提出意见。

　　让我们看一个例子。

　　在会上，主管宣布，在新项目中，小王负责的小组归另一组的组长负责。小王听后非常生气，直接站起来反驳主管。他的理由是：另一组的组长能力太弱，在专业上不如自己。

　　主管听了，也没有过多解释，只是让小王散会后去办公室找

他。小王心想："即使私下谈，我也不会让步的。"

抛开主管的决定正确与否，我们先来看小王有没有错误。小王对上级的决定，当众表示不服，这样对吗？小王是下属，下属与上级掌握的信息原本就不一样，在不完全了解上级初衷的情况下，就匆忙表示反对，而不是支持，让上级在下属面前非常尴尬。这是一个下属应该有的表现吗？

你可能会有疑问：如果主管的决定错了，小王也要遵从吗？答案当然是否定的。但是，如果场合不适合就要忍住不说，先闭嘴，等有机会再沟通。如果一定要在众人面前提出，是否可以发个微信，或者传个纸条，或者把上级叫到一旁，至少在不会造成不良影响的场合，独自请教更为妥当。

在工作场所中，下属提建议要讲究。

在前面的篇章中，我们曾经提到过，因为层级的区别，上级和下属掌握的信息是不对等的。相比而言，上级看得更全面一些。因此，上级和下属对人还是对事的看法和处理方式都会产生差异。在工作中，下属对细节更加了解，要及时向上级汇报，以便上级做相关决策时，没有认知上的误差，这才是下属的明智之举。

一、提建议的时机要合适

你一定要考虑上级的决定是否是在众人面前宣布的？如果上级的建议不是在众人面前宣布的，仅仅与你在一起，那就主动告知上级你的想法。如果上级的建议是在众人面前宣布的，即使你提出自己的想法，也于事无补，只能闭嘴。等待日后有合适的时机，你再运用策略婉转告知上级。

有时候，上级也会做出偏颇的决定。别忘了，每个人对事物的了解都是片面的。如果知道上级的决定不妥，可能为公司带来不好的后果，那就要尽快告知上级，同时采取一些补救的方法，帮助上级解决问题。

二、提建议要考虑背景

很多时候，上级宣布的决定未必是他认同的，但因职位要求，必须支持并执行公司的决定。作为下属，如果你看明情况，说明你的认知高于自己的职位；如果你不明所以，与上级争执，只会令上级为难，显示他对你的管理存在问题。同时，你也会感到无趣，最终双方都会不悦。

三、提建议要注意态度

下属不能因为有看法，就"妄议"，尤其针对上级与下属有关

联的评判时，更要注意这一点。人们常常因为一时冲动而忘乎所以。作为下属，越是不被理解的时候，越要沉稳应对，这样才可能让自己立于不败之地。

四、提建议要考虑周全

好的建议一定是计划周密的，各个环节都要考虑清楚。面对众人向上级提建议时，力争做到让决策者可以全然理解，令执行人不会有过多的疑问。

让我们看一个例子。

董明珠曾在电视节目中与格力电器的年轻新员工谈话。这些年轻员工都是"海归"，学历和素养极好。董明珠问大家对工作有什么想法，其中一个刚入职市场部的女孩，提出一个活动方案：以董明珠的名义，开展一个"董明珠下午茶"活动，活动主要针对女性用户，目的是为更好地对企业进行宣传。作为上级的董明珠，听后直截了当地问道："活动的目的是什么？如果活动是针对女性的，那针对什么样的女性？每次谈什么内容？谈话的内容是每次不同，还是相同的话题？……"一系列问题抛过来，那个女孩应接不暇，场面一度很尴尬。

女孩没有太多的工作经验，提出的只是一个"想法"。作为长辈的董明珠，没有为此指责她。如果工作几年之后，她再提出这么幼稚的想法，而不是真正的活动方案，一定会令上级失望。

五、提建议的流程要有控制

如果你的建议希望被上级采纳，那建议一定要具有可操作性，有逻辑性，有理有据。提建议的流程为：

1．把问题研究清楚之后，再提建议。研究以前有没有类似案例，可否借鉴以往的成功经验。在这一步中，自己的建议要尽量涵盖上级的工作目标与任务。对于上级而言，这样更有代入感，下属的建议更容易获得上级认同与支持。

2．在建议中要有解决问题的计划。如果只是一个想法，那就尽早把它放弃。建议要考虑周全，对结果有一定的预估，把成本与收益写清楚，让上级对你的建议产生的结果心里有数。

3．准备建议。尽量搜集资料，如果能运用图表形式，就不要只用文字描述，毕竟"一幅画抵千言"。在图表之下可以有简单的说明，重点是让上级感到轻松，而不是压力。如果你的建议是厚厚的报告，需要半小时或者一小时才能读完，毫无疑问，对上级有巨大的压力。上级很忙，需要处理的事情极其多。你不了解、不清楚、不观察，也就别指望上级会在很短的时间内给你回复了。

4．汇报建议。在汇报建议的时候，要先说明利益，让上级对你的建议产生兴趣，再汇报细节。在汇报时，你的态度要沉着冷静，如果上级有疑问，在24小时内尽快回复，即使在24小时内没有解决结果，仍然要有一个回复来说明。

5．建议审批之后的跟进。将上级原来的想法与你的建议综合，用上级可以接受的方式去执行，不能有偏差。在跟进的过程中，如果遇到不可抗力等原因，需要较大改动的话，一定要经过上级批准，否则上级会认为你"两面三刀"，从而对你产生怀疑。

提建议与沟通极为类似，都是要把对方尊为上宾，以对方为为准，而非自己想怎样就怎样表达，毕竟你想得到的结果要在对方身上实现。很多人忽略这一点，虽然也有考虑，但总会发生这样那样的问题。提建议的场合与背景、时机与过程，都需要根据组织文化、岗位特点，甚至下属与上级的关系等仔细考虑，采取灵活措施。

上下级掌握的信息尽量保持一致

有了二十多年的职场经历，我发现在上下级的信息一致性上，下属最容易犯错误。下属常常以为上级只要结果，没心思了解细节。于是，他们每天只顾"忙"，认为有了结果再向上级汇

报也不晚。

　　让我们看一个例子。

　　玲玲所在的部门是广告部，老总早就给她压力，让她尽快收回欠款。她为此一直努力，陪客户聊天、吃饭，甚至等客户下班，送客户回家。她希望以此拉近与客户的关系，令客户早点付款。

　　公司有明确规定，广告部每个月都有回款任务，不能只是找客户做广告，还要保证客户付款。作为广告部负责人，如果三个月内没有客户付款的话，她这个负责人的帽子随时会被摘掉。她热爱这份工作，必须努力。

　　一直以来，玲玲与老总的关系不错。老总的情商很高，很少批评她，只是偶尔提醒她，不要太敏感，要专注做事。她觉得老总非常了解自己，在老总眼里自己必定是透明的。她不了解老总，也不想了解，她认为只要做好自己分内的事就可以了。

　　老总的办公室与玲玲的办公室挨着，以往老总每次出差回来，都会主动打电话，让她去汇报一下工作情况。或者，她也会主动过去，与老总谈谈。但是，这两个月来，老总特别忙，一听说他回来，各个部门的人都过去找他签字、汇报工作、谈事情。

　　因为没有完成任务，所以玲玲想等客户付款之后再去向老总

汇报，于是就去拜访客户了。

没想到，一周后，在公司高管季度会上，老总突然宣布将她降职。她感受到的只有委屈，因为在宣布这个消息的当天上午，客户付款了。她通过短信把这个消息发给了老总，老总看了看短信，什么都没说。

这到底是谁的问题呢？老总有两个月没有收到玲玲的消息，他们之间的信息并不同步。老总以为玲玲对工作已经懈怠了，毕竟客户的欠款不好要，这一点谁都明白。

玲玲过高估计了老总对她的了解，毕竟我们认识的每个人都是片面而且主观的。老总的"以为"与玲玲的"以为"之间，有很大的出入。

上下级掌握的信息达成一致，毫无疑问，需要下属阶段性主动汇报工作，这是下属必要的常规动作。如果上级的办公室人多，而下属工作很忙，那么下属可以采用其他方法让上级掌握自己的工作情况，例如通过微信，方法其实很多。

此刻的玲玲只有接受这个不公正的处理结果，只能重头再来。

这种挫折又怨谁呢？让上级了解自己，对下属没有坏处。只有让上级了解你的难处，上级才会知道为你提供什么资源、怎样帮助你更好地完成工作任务。

在职场中，很多有能力的下属往往不屑于上级提供帮助。他们凭借自己的专业才华单打独斗，期望在自己能力所及的范围内取得更大的发展，这其实很难。要知道，"巧妇难为无米之炊"。例如：客户都期望获得更多的资源和支持，而你了解的公司信息、能调配的资源有限。在公司的角度上，对某个客户是否给予资源倾斜，你并不清楚。公司今年准备重点扶持多少客户，你也不了解。对于超出你的认知范围的事情，你需要上级帮助，让他帮助你实现更高的绩效目标。

看懂不说破，守中为上

下属要了解并理解上级，在现实工作中需要注意两点。

一、没有一位上级喜欢被下属看透

你不要以为学了本书所讲的内容，就可以"天下无敌"了。我提醒你，即使"看懂上级，也不要说出来"。

让我们看一个例子。

三国时期的杨修，很多人说他聪明，但他真的聪明吗？有人送礼物给曹操，曹操写了"一盒酥"三个字。杨修将其解读为

"一人一口酥"。当听到夜晚营中口令是"鸡肋"时，他将其解读为曹操不久将会宣布退兵。

杨修能做到不差分毫地看透上级的意图。他分析上级，像洞察力强的高手一般，总能猜测到上级的所思所想。这原本是一件好事。

但是，他在同事面前，以此显示自己的不凡，忽略上级的感受，最终引发上级的不满，落得被砍头的结果。作为成年人，没有人希望自己被别人看透。

老子在《道德经》里说："多言数穷，不如守中。"人说话太多，往往会使自己陷入困境，不如保持沉默，把话留在心里。对上级的情况，即使已了然于胸，下属也不要做"长舌妇"，招来上级反感和同事的嫉妒。

二、一切都是动态发展的

你了解今天的上级，可是，明天他还是这样吗？

人是感性的，会受他人影响，更会受环境影响，最终发生改变。

在干净的大街上，如果手里拿着一袋垃圾，你会想找到垃圾桶再扔掉。但是，如果在很脏乱的街上，你可能立刻扔掉垃圾，

无论身边有没有垃圾桶。这就是受环境影响。

你认为正直、诚实很重要。但是，当你面对激烈的市场竞争时，当产品已经没有再降价的余地时，为生存下去，你也会想尽各种办法去降低成本。这是受社会、受市场竞争对手的影响。

当你遇到困扰时，身边有人说一句话，是你从未想到的建议，你可能就会采纳。这就是受他人影响。

每个人都在改变中成长与发展，没有什么是一成不变的。请运用动态思维，不要拿过去的经验看待今天的事物，因为一切都在变。

为上级提供情绪价值，更容易获得好感

"情绪价值"最初来源于营销学与经济学领域，由美国爱达荷商学院杰弗里·J. 贝利教授在2001年提出。该理论从顾客与企业之间的关系营销视角出发，将情绪价值定义为顾客感知的情绪收益和情绪成本之间的差值。情绪收益为顾客的积极情绪体验，情绪成本则为负面情绪体验。

顾客在与企业交往中获得情绪价值，企业才能建立核心竞争力。所以，情绪价值是赢得顾客的一个非常重要的指标。随着社会的发展，"情绪价值"这个词汇已经被广泛使用，更多地用在人际关系方面。

上下级之间要搞好关系，出色的下属会为上级提供情绪价值。在现在的职场中，上级的压力都很大，能够为上级提供情绪价值的下属无疑可以提高自己的影响力。

让我们看一个例子。

小李所在的公司是一家效益不太好的外资企业，她的直接领导在公司的上海总部。北京有个总经理，面对客户的时候，总表现得乐呵呵的，但解决不了什么问题。在小李看来，总经理是来这里混日子的老油条。

小李在北京工作，她的人缘好，负责报绩效的同事总会帮助小李，让她把工作报告写得丰富一些。

小李是技术专业出身，工作一直认真负责。每当遇到客户方面的问题，她都会负责到底去解决。这样的工作态度一直是她的直接上级欣赏的。

在工作中唯一令小李感到不舒服的，恐怕就是她的直接上级与北京总经理有矛盾。北京总经理在级别上比她的直接上级高，但因为不干正事，所以同事们大多在背地里瞧不起他，其中包括小李的直接上级。

小李要听身处上海的直接上级的工作安排。因为与总经理都在北京办公，所以她又要听总经理的工作安排。

这一天，又到了 GK 银行汇款的日子，小李在这之前已经催过几次，实在无计可施了，只好请示总经理。总经理对小李说："再去找客户要一下，好好说，应该没什么问题。"

小李很郁闷地说："我已经去过几次了，GK 银行那边也不说给，也不说不给，就是拖着。"

总经理听后，向小李表态要亲自去拜访客户，洽谈此事。小李打电话约了客户，第二天两人如约前往。面对客户，总经理对回款问题只字未提，结果只是走了个过场。

小李感到无奈，但没有表示出任何不满。当天，小李的直接上级在电话中向小李了解此事之后，非常生气。小李反倒开导上级，说她一定有办法解决此事，不让上级把这件事放在心上。

后来，客户在小李多方争取下，给公司汇了款，小李完成了任务。但是，两个上级却没有那么幸运。公司效益一直不好，开始大批裁员，她的直接上级被裁后，拿到赔偿金去了一家民营企业工作。他还常常与小李联系，一再表示等自己安稳下来，随时欢迎小李过去一起工作。而北京的总经理就很惨了，因为涉嫌违规操作，被公司开除了。

小李是部门中唯一留下的员工。在这之后，她的直接上级改为一位远在美国的印度人，虽然她在职位上没有什么明显提升，但在这场大裁员中，只有她赢了。

看起来，小李能留下来的原因是绩效不错，而更大的原因或许是人缘好，也就是群众基础好。面对两位上级，她即使不满意也会尽量让对方感到舒服，为对方提供情绪价值，而非负面指责和抱怨。她知道自己要什么，她的态度是为自己负责。总经理出马，没有帮上忙，她也没有任何不满，始终如一，没有让对方感到不快。

在职场中，情绪价值非常重要。一个人能给他人带来舒服、愉悦或稳定的情绪，他的情绪价值就比较高。如果一个人总让他人感到别扭、生气或难堪，他的情绪价值就比较低。

情绪价值　　＝　　情绪收益　　－　　情绪成本
　　　　　　　（积极的情绪体验）　（消极的情绪体验）

情绪价值"公式"

　　情绪价值是一个人影响他人情绪的能力。一定是建立在爱和真诚的基础上的。对上级有期望，原本没有错，但下属不能只关注上级的能力。例如，小李的直接上级，面对北京总经理是直线思维，有什么说什么。"上级就应该帮我，不帮我就不配做上级。我不满意，一定要表现出来。"这是直率爽朗的性格，但没有情绪价值可以给予他人。

　　对上级只关注专业能力，未免太狭隘了。直白点讲，上级之所以是上级，不一定专业能力比下属强。有些上级甚至各方面能力都不如下属，这也是可能出现的。但是，对方是你的上级，就要尊重。要知道，这是企业的规定，如果对方不配做你的上级，企业会有考核，会有选择，这些不在你考虑的范畴内。

　　再说，上级与你一起感受到的是负面、消极的情绪，那么你

只有情绪成本。当你意识到要为自己的情绪负责时，保持乐观稳定的情绪，常常对上级肯定和认可，甚至提供建设性意见，减少指责和评判，总是用一颗包容的心去适应对方，那你的情绪价值一定很高。这样一来，上级必然对你有好感，从而对你提供支持。

成熟的上级不会喜欢意外

在以往的课堂上，我曾问学员：上级是否喜欢意外？大家对此感到纠结，不知如何判断。总有学员认为上级会喜欢"好意外"。"好意外"就是意外的好事，俗称惊喜。这或许是受电影、电视剧的影响，导致这些管理者的思想不太成熟，以为惊喜式意外多多益善。

殊不知，意外本身就是超出管理者掌控范围的事情。任何一位成熟的管理者都不会喜欢意外，无论是好事情还是坏事情。

让我们看一个例子。

张坤是一家外资快速消费品企业的四川省分公司经理。他所在的这家公司已经是"百年老店"了，管理非常严格。每年的年末，作为分公司经理，公司都会要求他们上报第二年的计划目标，这也是公司对他们是否了解市场的一个检验。

　　张坤没太当回事。通常来讲，如果经济形势好的话，按常规把计划目标增加10%或15%上报就可以了。他没想太多就上报了。

　　第二年的任务完成得格外顺利。刚过半年，张坤负责的区域就完成了任务。这对他而言，简直是惊喜。他没想到这样的惊喜对他会有哪些不好的影响，反倒以为会多拿奖金，可能晋升。

　　在这个过程中，上级曾经几次打电话询问发生了什么事情，他都支支吾吾，说不出真实原因。他想："绩效好也有毛病，上面的人真是没事做啊！绩效好总比绩效差强吧？应该没什么事情，只等年终发奖金吧。"

　　但是，事不遂人愿。在年终考核之后，张坤竟然被降职了。他不理解，自己每天辛辛苦苦地跑市场，管理团队，非常不容易，绩效还这么出色，公司不给他升职就算了，还要降他的职。

　　作为看官的你，读到这里，是不是也有与张坤一样的感触。接下来，我们分析一下张坤为什么会被降职。我在前面已经提过了，张坤所在的公司是一家外资企业，历史悠久，管理非常严格。

　　作为分公司经理，张坤需要对绩效完成情况绝对了解，但他做得并不好。他对绩效目标超额完成一事，拿不出合理的解释。这对远在总部的上级来讲，无法肯定他的工作能力。或许，张坤认为绩效结果不是他关注的重点，但上级只会通过结果了解你，

而非通过对你的行为进行评判，毕竟上级看不到你，彼此不在一个地方办公。

再说，绩效完成超出预期一点，是很正常的表现。但超出很多，而负责人不知道原因，上级自然认为他对负责的区域不了解，工作不称职。

在组织中，不应该有任何意外或惊喜发生。成熟的企业不会认为管理者工作量完成得越多越好。预测绩效和完成绩效是建立在科学理性的分析与认知基础上的，尤其体现了管理者的能力，包括对市场的把握，而非盲目乐观的心态。

张坤如果不是在一个管理严格的组织中，而是在一个类似"游击队"的组织中，只看重结果，不重视分析，最终或许会如他所愿。但是，任何一个成熟的组织的领导，都不会容忍下属含糊其词的态度。

有能力的下属，在年终绩效考核之后上报第二年的计划目标，或许会做保守估计，对自己的能力常常有怀疑的心态，或者想给上级制造"惊喜"。这都是绝对不可取的行为。

真人要露相，你平时不表现，最终让上级惊讶不已，对你另眼相看，只能说明你之前隐藏得深。上级日后会提防你，而非信任你。

意外，对管理者而言，就是大失面子，是着耻。下属发现任

何超出自己认知的现象或市场行为，都应该主动向上级汇报，多请示，让自己掌握的信息与上级掌握的信息保持一致，这才能在未来的工作中，让上级成为你的靠山，甚至在危难时为你说话，承担不良的后果。而实现这一切的根本，就是不要让上级感到意外。

在上级面对困难时主动请缨

人生在世，都会遇到困难与问题，需要有人帮助自己。很多时候，人们需要某人的帮助，并不一定因为对方比自己能力强、地位高、权力大，而是因为对方有时间，同时有心相助。

下属对上级的帮助就符合这种类型。在组织里，因为层级不同，上级和下属负责的工作内容不同。你可以将其理解为：一个基于小范围，另一个基于更大范围；一个基于局部，一个基于整体。

人们都习惯从自己的角度解读别人的工作，下属也不例外。有些下属会认为，同事们各自负责一部分工作，上级必然在他的办公室里无所事事。在下属的眼中，或许并没有看到上级工作繁忙，看到他费心费力，所以会产生这样的误解。

有些下属认为上级工作繁忙是应该的，毕竟自己的工作量也很大，平时很少有空闲的时候。所以，在组织里，谁都应该忙忙

碌碌，一切都是应该的。

这两种下属并不少见，他们都存在一个认知偏见：心中只有自己，没有团队。在团队里，大家一起工作，是为了整体的利益。在团队中，无论谁遇到困难，都应该伸出手来，给予帮助。

让我们来看一个例子。

小王下班时经过上级的办公室，透过玻璃窗看到上级还在一堆文件中忙碌。他知道上级在忙客户打款量少的问题，这是近一周来，同事们都很头疼的问题。客户打款量少，问题到底出在哪里？直接负责此事的同事无法解决问题，直接将其甩给了上级。

小王知道，上级是一位非常负责的人，他如果不拿出解决办法，团队业绩会受到影响。想到这里，他没有多想，推开了上级办公室的门，主动表示自己可以与上级一起攻克难关。

遇到上级忙不过来时，下属要勇于伸出援手。

小王是一个重大局、明事理的好下属，他没有过多考虑自己的得失。小王看到上级在忙碌，想到的是团队的整体利益，而他是其中一员。团队整体利益受损，他也会受到影响，即使这种影响是间接的。他主动站出来，向上级提供帮助，而不是站在一旁当"吃瓜群众"。所有下属都应该这样。

当上级被任务困扰时，下属主动请缨为上级分忧，并承担责任。

在很多企业管理者每天的工作安排中，会议占去了大部分时间。有些会议是必须参加的，议题与自己部门的工作息息相关，需要了解会议情况，参与决策。大部分会议是各个部门组织的，出于"礼尚往来"的原则，发起部门邀请其他部门的人员参加，对方也不好拒绝。对于这样的会议，上级希望不失礼节，同时不浪费自己的时间，怎么办呢？

假如下属此刻正好可以抽出时间代替上级参加会议，并且详细记录内容，回来报告上级，一方面可以为上级分忧，另一方面有助于自己了解各部门的情况。但是，在现实中，主动要求代替上级参加这种会议的下属很少，下属多认为这不是自己的工作，是上级的事情。如果是基于部门整体利益，从团队的角度出发，下属的理解就会有所不同。

当企业面临危机时，下属要尽力帮助上级

近年来，随着互联网和自媒体的蓬勃发展，信息传递的速度加快，舆论对企业的要求越来越高。时不时有关于企业的负面信息爆出，甚至影响到企业的生死存亡。在企业面临危机时，下属

应该在上级还没有想出应对之策前，尽力提供帮助，提出自己的建议。要知道，在细节方面，下属总是了解得更多，而上级相对了解得较少。下属及时提供信息，有助于上级做出正确的决策。把问题处理好，有利于公司整体利益，而非只是为了上级。

上级在高位，掌握下属没有的资源，下属在低位，不能眼巴巴地等待上级主动帮助自己，而要有相互帮助的意识。即使下属的权限与能力极小，也没关系，只要做自己力所能及的事就可以了。这样上级与下属才可能取得"共赢"。弱者不能把自己的"弱"作为遇事推脱的理由，而是因"弱"才主动出击，寻求与上级相互携手，共渡难关。

第 **5** 章

相互成就，成为上级眼中
不可替代的下属

在前文讲过，在上级眼中，可对下属从两个维度分类：一是满足利益需求，二是满足重要感需求。什么是利益需求？下属必须能够为上级提供利益。直白点讲，就是你这个下属要对上级有用，在组织里用处越大，给上级带来的"好处"就越多，上级就越开心。什么是重要感需求？作为下属，要把上级当回事，心中有上级。做事情的时候，考虑上级的感受与需要。

下属要"有用"，除发展自己的专长外，还要扩大自己的影响力，建立人脉关系。重要的是，下属要有心，要思考，在规划之后行动。这才可能最终成为上级眼中不可或缺的人。

组织内部的每个部门、每个团队都是一个小社会。在社会中生存，必然要熟悉它的文化与规矩，主动给上级留下好印象，建立自己的声望，提升自己的社会性能力。

在外部，在更多的领域，结交有能之士，有效增加自己的性格弹性与包容度，更要以谦虚的态度示人，与人为善。

人是多种角色的集合体，面对不同的人、不同的角色，需要以不同的方式去应对。亲情令人感到温暖，同事间的友情令人感到被包容，上级的关心与帮助令人感到被关怀。

同时，人又是复杂与善良并存的多面体。在多种日常关系与角色的缠绕下，我们要给足朋友与同事面子，给足上级面子，对

方反过来也会给你面子。在此过程中，不断地提升自己的实力（从内在的工作能力到外在的影响力），为自己打下坚实的基础，成为群体中的有用之人。

职场就是小社会

社会是人们日常交往形成的关系的综合，也是人类生活的共同体。社会是由不同阶层、不同行业与专业背景的人组合而成的。

组织是人们系统化的集合，是由具有不同专业知识与能力的人，为共同的目标努力奋斗、集合在一起的。在组织中，有各种关系，也会有阶层之分。

经过这样一番简单比较，你很容易明白，为什么人们认为组织也是社会。这是因为二者很相似，而其中一个共同点，是很多人在一起，必然产生纠纷与争斗。

让我们看一个例子。

刚毕业的小李来到公司工作一个多月了，这段时间他喜忧参半。

喜的是，他学到很多在学校里从未接触过的知识，他对此充满好奇与兴奋。

忧的是，身边的老员工总是对他指手画脚，充满傲慢与不屑，这令他很不舒服。而且，那些人好像不只是对他如此，相互也不团结，钩心斗角。他讨厌这些人。

毕业之前，他看了大量关于职场的书籍，看到的多是职场前辈奋力拼搏，取得成功。他期望自己也如此。让他没想到的是，除工作外，公司还是"社会"，所有人都要守社会规矩，按规矩办事。工作不是埋头苦干就可以了。他不能独善其身，需要被大家接受，快速融入这个小社会。

有人的地方就有社会。社会中有派系，有利益纷争，甚至有明争暗斗。社会的外显形式或表象不同，但谁都不能逃脱。

人只要活着就离不开社会，社会再分解成无数组织，组织中大多数人希望通过辛勤劳动和智慧获得相应的利益。

组织与社会一样，资源是有限的，谁都希望掌握更多的资源，得到更长远的发展。于是，人们相互较量，你争我夺。身在一个组织中，越早了解它的特点，越能清醒面对，及早采取应对之策。

职场文化决定关系规则

我们可以将职场文化理解为企业文化，或细化为部门文化。职场文化通常体现的就是组织领导者或部门负责人的主张。文化是隐性的，与组织中的每个人息息相关。

美国的查理·佩勒林博士经过二十多年的潜心研究，走访了

上万名管理者、两千多家企业之后，提出团队领导力学说，公布了关于组织文化的研究成果：

人的天性是胜过理性的；

决定组织隐性文化的是组织领导人的天性；

组织文化是可以被塑造与改变的。

让我来分别讲一下。在这里，天性指人天生的性格。例如，你有一对双胞胎，两个孩子即使长得很像，性格也往往不同。这就是由于天性不同。具体什么决定了人的天性，目前在心理学方面还没有明确的解释。

根据心理学家卡尔·荣格的理论，人的天性是基于两个维度发展出来的：一个维度是对信息的获取方式，分为直觉与感觉；另一个维度是对决策的处理，分为逻辑与情感。在两个维度下产生四种不同的天性，如下图所示。

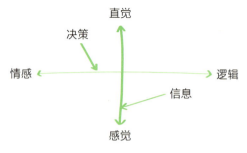

卡尔·荣格对天性的分类

在上图中，左上角代表的人，其天性注重直觉与情感，就是喜欢宏观大局，更看重人；左下角代表的人，其天性注重感觉与情感，就是喜欢细节，也看重人。

在上图中，右上角代表的人，其天性注重直觉与逻辑，就是喜欢宏观大局，更看重事情；右下角代表的人，其天性注重感觉与逻辑，就是喜欢细节，看重事情。

将这种理论运用到职场，还要与组织或部门的职能、一个人需要具备的职业特征相结合。具体分类如下：

在人力资源、培训部门工作，一定要考虑人，更要考虑人的未来，从宏观看问题。这里适合情感与直觉型的人。

在市场营销、公关部门工作，一定要考虑人，还要考虑与人打交道的细节。这里适合情感与感觉型的人。

在实验、设计、研发部门工作，一定要考虑事情，更要考虑对未来的宏观把握。这里适合直觉与逻辑型的人。

在运营、物流、采购、制造部门工作，一定要考虑事情，更要考虑对细节的把握。这里适合感觉与逻辑型的人。

领导人的天性与部门的特点共同塑造组织或部门文化。这是对组织文化的评测标准。如果你和上级属于同一类型，那就依照相应的路径行事，大方向是不会错的。

如果再研究细节的话，你要明白，企业文化决定关系，关系

决定规则。最重要的是，你要了解所在职场的关系模式是怎样的。你可以向资深同事或导师寻求帮助。

你可以从下面四个问题中发现小社会中的关系模式。

1. 组织的管理者最敏感的话题是什么？哪些话题有隐含的意义？

最敏感的有隐含意义的话题，往往令管理者头疼，一时解决不了。作为新人，你不了解很正常，但尽早了解是你的本分。

2. 谁是组织中最有影响力的人？谁是最主要的决策者？

最有影响力的人不一定是职位最高的人，也可以理解为每次开会的时候，同事、领导总要听他发言的人。这个人就是有影响力的人。他们或者是领导的心腹，或者是专家，具有意见领袖的特质。

假如组织的领导能力弱，那具有最大影响力的这个人就可能是真正的决策者。

3. 在组织或部门中，哪些人是你在接触高层时不可越过的？哪些人的看法，你要特别重视？

站在低处仰望高处，看到的只是高处面对低处的一面，看不到全貌。上面发生了什么事情，下面的人看不清，更看不到本质。只有向接近高层的人（而这个人又是你可以接触到的）了解更多的信息，才能搞清真相，有正确的方向。

4. 组织有哪些惯例需要遵循？

这个问题相对简单，进入公司或部门，可以主动找资深同事询问，得到答案。资深同事如果是你的直接上级更好，其他部门的同事也可以，让他们分享关于组织或部门的一些内在情况。与你有关的，需要牢记，以便在未来有效应对。

让我们看一个例子。

张兴是从分公司调到总公司的。对他而言，在总公司工作一切都很顺利，唯一令他不解的是，真正负责他所在部门的好像并不是部门经理，而是副总经理。每次部门开会，只要副总经理在公司，都会参加。而部门经理工作非常勤奋，看起来丝毫没有受到影响。张兴不太明白。在其他部门就没有这样的问题。

一天在食堂吃饭的时候，张兴遇到同事王凯，于是请教这个问题。王凯回答："哦，是这样，我们目前做的这个项目的客户，是副总经理的朋友。他对这个项目非常重视，所以在项目推进时，都会尽量参与。一方面，这是因为客情关系；另一方面是因为这个项目比较大，对我们公司来说是一个挑战。"

同事安慰了张兴几句，让他不要紧张。公司在快速发展，这样的成长机会是每个人都不希望错过的，部门的氛围一直以来都很好。同事希望张兴不要有任何戒心，积极参与，有什么不懂

的随时可以问他。

经过这样一番了解，张兴的心总算放下来了。之前他还有点担心，是不是上级有什么问题，现在真相大白，他可以放心去工作了。

人是有智慧的，在面对新环境，尤其不了解情况，看不清局势的时候，不能随意表现自己，更不能张扬，因为你不知道谁才是关键人物，谁是不可或缺的。你只有等待，花时间去了解清楚。了解组织文化和组织的关系模式后再行动。

从众效应你了解多少

组织里的很多问题，与社会学中讲的社会问题一模一样，例如从众效应，也可以称为"羊群效应"。羊在一起都是盲目寻找食物，如果有一只羊发现了一片肥沃的绿地，并在那里吃到了新鲜的青草，羊群就会一哄而上，争夺青草，全然不顾不远处的狼或其他青草。从众效应是指个人由于受到群体的影响或压力，其观念或行为与多数人保持一致。

多数人都会从众。请注意，这里说的是多数人。人群中有没有头脑清醒、掌握正确答案的人？一定有。那为什么大家还从众

呢？这是因为人们害怕孤立，个人在人群中孤立的成本很高。例如，身边的人都把娃娃送幼儿园接受教育，你不这样做，一定会遭人非议。例如，多数人都附和领导的错误观点，你在人前与领导唱反调，一定会在背后被嘲讽。例如，多数人都在同事的婚礼上随份子，而你只给了一件礼物，也会被同事认为吝啬。

与众不同的主张，总是会遭到群体舆论的打压。基于此，即使有人了解真相，也会装聋作哑。

和大家保持一致

选择不从众的人，往往保持独特的自主意识，不受大众影响。这类人不畏强权，不怕反对，不被群体舆论影响，能够让头

脑保持清醒。法国社会学家勒庞在《乌合之众》一书中说，这类人在人群中仅有30%左右。在职场中，我们把这类人称为有影响力的人。而从众的人占70%左右。这个话题经常引起争议。

有人认为，很多人是出于无知、不了解情况，以此形成了"愚昧"的表象。但无知不代表蠢，只是在社会学中体现出了蠢的特质。

孔子说："知之为知之，不知为不知，是知也。"

你不能在无知的情况下，听了一些蛊惑人心的言论，就匆忙将其奉为真理。这不是求知，更不是为求真相应有的态度。没有调查研究，就没有发言权。

从众效应是社会学基础理论，只要有人群的地方就会出现这种效应。不从众的人，无疑都是有头脑、有独立思想的领导者，他们敢说敢做，不怕人们议论。他们就是造势者。但是，如果要成功，他们不仅要有智慧的见解，还要有相应的影响力。

你在没有影响力的时候，说出的话没有几个人能听得进去，这就是人微言轻。即使你看到了事实真相，也未必一定要说出来，在职位较低的时候，保持沉默是一种很好的自保方式。

面对问题，能够保持独立思考的能力，具有清醒的认知，在调查研究之后心里有数，而非盲目从众，这是每个有智慧的人应该做到的，而求同存异是人成熟的表现。

有哪些职场资源可以为你所用

与你一起工作的同事与上级都应该是你的资源。例如，你要与人为善，建立、维护与同事的关系。而你的最终目的是发展"弱"关系。

弱关系，就是平时很少与你有交往，或者只有一面之缘，甚至未曾见面的朋友。这些人之所以是朋友，是因为有人介绍，或处于相同的群体，或有共同特点。弱关系在你的朋友圈里是最突出的，例如大家在一个网络社群内，都是一个机构的会员，甚至都是某人的朋友等。你们或曾见过一面，或从未谋面，彼此并不了解。

在组织里，除本部门的同事、与你的工作有交集的其他部门的同事外，多数同事与你的关系都是弱关系。

弱关系需要建立，有规划，并用心维护，最终能够发展成互相帮助和成就的关系。

关系建立的初衷是怎样的？你抱着一种什么样的心态去达成这一目标呢？

美国亚宾哲协会认为，那些交际高手，在面对他人的时候，首先想到的是顺从。把对方假设为日后的盟友，无论对方如何，

展现顺从是一种积极的心态。而那些在处理人际关系方面弱的人，他们面对人的时候，首先想到的是对抗。这样一来，彼此的关系必定渐行渐远。

在这两者中间的是不卑不亢、顺其自然。我相信多数人持有这样的心态。顺其自然有没有可能发展彼此的关系呢？有可能，但不够积极。

发展关系是有意而为的。回顾职场生涯，你从起初的青涩到现在的成熟，应能体会其中的深意。刚毕业的年轻人，个性突出，与自己相同的想法会接受，反之便会产生反感；包容度低，稍有不顺就会对抗，却因此失去了与更多人的"连接"。

在人群中，成熟的人总会发现那些与自己不同的人。人们的表现不同，往往是由于意见与看法不同，求同存异是最好的解决办法。这样既发展了彼此的关系，又能了解新观点，何乐而不为呢？遗憾的是，人在年轻的时候，往往听不进这样的忠言。

在同事中，总是会出现与你具有不同观点、不同特点、不同背景的人。看不上或看不惯对方，对你没有任何好处。有一句话说："看别人不顺眼，是自己的修养不够。"这话一点不假。努力做一个成熟的人，充分接受他人的不完美，自己的不完美也会被他人接受，这才是发展与同事之间弱关系的最好心态。

况且，同事都是处于一个平台，为一个共同目标努力奋斗的

战友，总有很多事情需要相互协作，你不可能把自己隔离在外。从同事中找到更多能为你所用的人，再规划让这些人如何为你所用、成就彼此，这才是需要你真正思考的问题。

除平级同事外，最能为你的成长做出贡献的，就是你的直接上级。上级无疑比你掌握更多的资源，给你更多的关心，带你增长见识，提升格局与视野。

我相信，作为下属，很多人对此是心知肚明的，但不是所有人都会主动请求上级帮助。我们把上级本身的问题抛开，看看最令下属担心的两点：一是担心请示未果，被同事嘲笑，于是望而却步；二是担心请示领导会显示自己无能，被上级轻视。这两者都是下属的心理障碍。

上级帮助你是他的本分。上级完成工作目标离不开你这样的下属。他需要了解下属的工作进度，掌握下属的情况，而非像你想象的那样，高高在上，不管不顾。

如果你从未主动请示过上级，那么你需要知道一个心理学原理，就是"登门槛效应"，又叫"得寸进尺效应"。

在人际交往中，当我们要求某人做某件较大的事情，又担心对方不愿意时，可以先请求对方做一件较小的事情。当对方同意并做了小事之后，再向他提出更大的事情，这样就更容易获得帮助。如果一上来就请求某人做难度很高的事，往往会被拒绝。

　　下属也可以先试着请求上级帮忙做较难的事情，如果被拒绝，再去请求他在小事上给予帮助。这样也容易达成目标。

　　下属先从小事开始，寻求上级的帮助。渐渐地，随着你向上级的请求增多，相互沟通会越来越畅通，他会越来越了解你，越来越能接受你的观点与个人特点。

提升社会意识

彼得·德鲁克认为，下属在上级心目中产生好的印象，是因为他能在组织中成为承担重任的负责人。负责人不仅是头衔，更是下属在上级心目中的位置。你可以从四个方面入手，检验自己做得如何。

1. 上级是否慎重安排你的职务。你要相信上级每次对你的调动都有他的"美意"。这种美意未必是你可以识别的。请相信，每个人在资源面前都会遵循最大使用价值原理。

2. 上级是否常常给你设定高绩效标准。无能的人，上级会把他随便放在哪个不重要的位置上。而对那些有能力的人，上级往往会有高期望，高期望对应的是高标准。下属接受这个挑战之后，上级又会设定更高的标准。这就好像玩通关游戏一样。在这个过程中，下属轻易不要抱怨上级对你的要求过高。想一想，往往是能力差的人才能"享受"到低标准、低配置的工作内容。而真正的人才在上级眼里从来不会无用武之地。更何况，在这一过程中，你还能得到成长，还有什么比这更重要的呢？

3. 上级是否给你提供目标管理所需的信息。KPI（关键绩效指标）与OKR（目标和关键成果）两个指标都是建立在彼得·德鲁克提出的目标管理与自我控制（MBO）的基础上的。目标管理的精髓不在于目标管理的分配与分解，而在于自我控制。

不过，人们习惯不看渊源，随意谈目标或者事件管理，好像忽略自我控制就可以做好目标管理。可是，仔细一想，你没办法抛开每个人的自我控制。知识型员工得不到自我控制的信息，也就不能有效掌握目标进程，更不可能调整策略，最终完成目标。下属在组织中是目标管理的主角，没有他们就没有目标管理。而希望完成目标，就一定要有信息流动，让下属尽早并全面了解信息。

4. 上级是否与你分享企业的远景规划。组织中的每个人才都是主管眼中的财富。上级如果把你当财富，与你分享企业的远景规划，包括与你有关的部分，这无疑会在精神给你很大的激励。但是，不是每个人都可以有这种幸运。在上级的眼中，有这种幸运的人，不仅有能力，有突出的绩效表现，还必须是他心中可用之才。

对以上四个方面考虑之后，无论答案如何，你都要开始行动——去扩大自己的影响力。你不仅要让你的直接上级，还要让其他主管领导知道有你这样一位人才在为公司服务，在贡献自己的力量。

上级是否常常给你
设定高绩效标准

上级是否给你提
供目标管理所需
的信息

上级是否慎重安排
你的职务

上级是否与你
分享企业的远
景规划

在上级的眼里，你是负责人吗？

你要有意而为，建立自己的声望。人们第一次与其他人接触时产生的第一印象，非常重要，有先入为主的效果。第一印象并非总是正确的，但却是最鲜明、最牢固的，并且决定着双方以后的交往。

当你第一次面对领导、那些比你职位高的人时，从衣着、姿势、语言、表情等方面给对方留下良好的第一印象十分重要。在给对方留下好印象的过程中，有时也可以传达一些无伤大雅的负面信息，让对方了解你的一些弱点，因为世界上没有完美的人，展示弱点反而显得真实。

如果你给人的第一印象是一个有素养的人，就是获得了加分。社会学家罗伯特·西奥迪尼在《影响力》一书里专门强调：增加影响力的第四个原则，就是给人留下好的印象。除此之外，就是真实的表现。只有真实的表现才能经得起时间的考验，靠伪

装无法取得别人的信任，而真诚会令人与人之间的关系更加融洽。

让我们看一个例子。

张经理来到公司已经三个多月了，第一次参加主管会议。他知道参加这次会议的人都是一些平时见不到的领导，所以刻意穿了西装。同时，他吩咐下属，把部门这三个月的工作成绩做成了精美的PPT，准备向领导汇报。

在会议中，领导们发言之后，轮到张经理汇报了。他不慌不忙地上台，充满了自信，将自己在三个月的时间内对部门的了解、对客户的了解，以及相应问题的解决方案都详细地做了陈述。

领导们听得津津有味，频频点头，表示出对他工作的肯定。汇报很完美，但张经理很实在地在最后说了一段话："不好意思，领导们，这个PPT不是我做的。虽然工作情况都很了解，但做这个我真不在行，让大家见笑了。"

领导们真的会笑话张经理吗？当然不会，做PPT这样的工作，本来就不是张经理的分内工作。他使用精美的PPT，如果说是自己做的，反倒会令领导们疑惑。作为区域负责人，平时那么忙，怎么会有时间做PPT呢？如果他把精力都放在这种事情上，怎么可能搞好销售呢？做PPT这样的事，显然与张经理

的职位不匹配。

张经理在会上诚实表达，显示了人格中最宝贵的一面，得到了领导们的认可。

在当下这个时代，很多人喜欢外在的包装，但最终能经得起时间历练的，只有正直与诚实的品格。

扩展社会优势，人性本质是协作

孟子说："人之初，性本善。"这就是"性善论"。孟子认为人一出生就是善良的，所以乐意去帮助别人。荀子与之持相反的观点，坚持"性恶论"。这里说的"恶"，是自私、自利、贪婪的意思。"性恶论"认为人出生就想从外界索取，争取更多的利益。

事实上，人出生后，对善恶没有分别心。在成长的过程中，人有了对事物的评判和对善恶的认识。在资源短缺的情况下，"恶"更多是为争夺资源而不择手段。"善"是人在资源相对富足的情况下的一种选择，也是今天人们提倡的助人为乐的理念。

对人而言，"善与恶"是动态的，这样说或许更为贴切。但善恶的各种表现，都是基于人性的本质。

那么人性的本质是什么呢？社会学家艾伦·科恩与大卫·布拉德福特著有《影响力：如何展示非权利的领导魅力》一书，他

们认为社会关系是建立在交换与互惠基础上的，双方必须具备彼此需要的东西才能合作。两人提出的人与人之间的影响模式如下图所示。

6 明确你需要什么及需要优先解决的事情

5 确定如何接触权威人士

4 分析权威人物的世界与注重的事

通过"给予和索取"来实现影响

1 界定影响对象

2 假定每个人都是潜在的合作伙伴

3 界定双方权力的差距

人与人之间的影响模式

假如你希望遇到某位能够在职场上助你一臂之力的人，你首先要在内心界定一下，此人是什么人，这个人的身份、权力、地位、头衔、掌握的资源如何。

如果你认定对方在你之上，你可以假设对方是你的潜在合作伙伴。当然，你希望与对方有更多的交集，自然在你的头脑中去界定你们之间的权力差距如何。

所谓权力差距，无非彼此因外在（头衔、地位等）形式拥有

的资源的差别。你的目的是把对方发展为盟友，所以会搜集对方的资料，了解对方的想法，尤其是针对你的想法：对方有没有兴趣了解你，对方把你当作什么人，对方希望你如何，你有没有让对方"利用"的价值……而这一切最终的落脚点是：你是否值得对方帮助你。

当想明白之后，你再去接触领导，一定要清楚你要做的事情及优先顺序。在此，关键的思路是：人与人之间，通过相互给予与索取，来实现利益交换，从而扩展各自的影响力。

这个人际关系的交换原理，除家庭关系之外，放之四海皆准。你完全可以将其作为处理人际关系的行动指南，细节可以有所变化，只要从善意出发，结果就不会错。

通常来说，人际关系高手都是为提升社会性能力，扩展人际关系。如果你希望从对方身上得到更多，千万别忘了古人厉害的一招——欲先取之，必先予之。想从对方得到某些东西，要先给予对方什么。当你主动给予对方某种东西时，对方一定想用什么还给你。这时候，只要你的一点小小的暗示，在对方不是很为难的情况下，一般很快会达成你的愿望，这就是礼尚往来。

这里的前提是，有备而来，了解对方的情况再去行动。这看起来复杂，其实涉及的主要是心理活动。人际关系高手皆深谙此道，可见其实用性绝非一般。知行合一，该给予的给予，需互换

的不要迟疑，用心提高自己的社会性能力，让你的职场人脉与资源完全为你所用。

同理心，利他或利己

上下级关系一旦出现问题，人们习惯把问题归结为沟通不畅。沟通侧重的是语言与行为方式，内在能力方面的难点往往被掩盖了。在我看来，没有比同理心更需要加强的了。

同理心在职场中非常重要，如何形容它都不为过。同理心是人与人之间沟通的基础。同理心，是设身处地去理解对方，是共情、共感的心理换位，也是将心比心、对他人情绪和情感的认知与把握。

人要有同理心

　　与上级沟通，重要的不一定在于言语措辞，而在于同理心。你需要与上级协作，让上级清楚你的所知所想。你希望上级了解你（不仅工作成果，还有工作背后的艰辛付出），给你体恤与关怀，在这过程中一定要运用同理心。

　　看到对方有情绪，无论是从逻辑推理还是基于个人经验，这就是认知同理心。然后，把自己代入对方的感受里，加上共情，处理好自己的情绪，这就是情绪同理心。最后，用同理心关怀对方，采用反馈与表达的方式。

　　让我们看一个例子。

　　在晨会上，王总对大家说："因为疫情的原因，咱们国外的工厂停工了，国内的工厂连轴转，工人们有很长一段时间没有休息了。即便如此，产品能否在约定的时间赶出来，大家心里还是没底。只是希望竭尽所能，能生产多少就生产多少。这段时间，大家都辛苦了，完成这批货，都一定要调休。"

　　没想到，散会后不久，一个大客户就突然到访，对王总发脾气。客户知道是客观原因造成这批货可能要延期交付，但仍然不停地抱怨。

　　王总看到客户在气头上，没说什么，只是给对方倒了一杯水，请他坐下来，倾听他的不满。

　　原来，客户也很困难。客户有很多零售店，每天都在要货，每个店开门做生意都产生费用。没有货卖，就意味着白白消耗租金与人力成本，所以客户着急也是在情理之中的。

　　客户说了很久，王总只是认真地听着，有时点点头，表示理解。客户的心情慢慢平复了下来。这时，王总开口说道："是啊，这个疫情搞得我们都很难，但无论怎样，我们都要挺过去。这样吧，咱们一起去生产车间看看，你可以看到我们车间的流水线一直在不停地运转。我们会尽力把货生产出来，第一时间发给你。相信我，我们一定会竭尽所能的，把大家的损失降到最低或者没有。"经过王总的一番沟通，客户没有再说什么。

　　不得不说，王总是一位非常善于运用同理心的高手。王总看到客户愤怒，抱怨不止，不是如常人一样忙于解释自己的难处。他为客户倒水，不说话，这是认知同理心。而在客户不停地抱怨之时，只是认真倾听，表示理解。在整个倾听的过程中，他把自己代入对方的角色中，与对方共情，把自己的苦衷放在一边，这是情绪同理心。王总最后的话给了客户很大的信心，他邀请客户去了解车间的生产情况。这是用感同身受的方法处理问题，也就是同理心关怀。

　　简单的对话，可以让客户感受到满满的真诚与善意。无论结果如何，客户的问题最终能否解决，王总对这件事的处理是非常

妥当的。要相信，不仅王总，我们每个人都可以做到，但首先要有意识，然后参考这些步骤，提升这方面的能力。

接下来，你说："你的东西比我多，有什么我能帮得上忙的吗？"这是同理心的最后一步——同理心关怀。

很简单的对话，可以让上级感受到满满的真诚与善意。

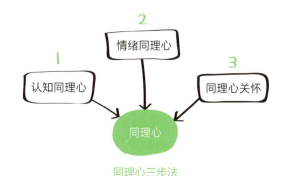

同理心三步法

同理心三步法，从认知同理心到情绪同理心，最后是同理心关怀。其中的第二步是情绪同理心，共情最为关键。

共情的作用很大，让你在乎的人感受到你的关怀，让你更好地了解周围人的需要，更清楚你的语言行动对别人的影响。利用共情，可以更好地处理人际关系，也更容易让别人接受你的观点。

共情不是同情，同情是怜悯，并不对等，把对方放在低位，

无疑会给对方带来压力。共情是平等的，只是理解，是相互交换的感受传递。

共情不是比惨。比惨，是我们面对对方的不利遭遇时，随便举个自己更惨痛的经历，以求对方得到安慰。这样很难帮对方疏解情绪。

共情不是说教。说教是最容易犯的错误。说教是讲道理，等你大道理讲完后，对方的情绪不但没有缓解，反而会更加感到沮丧。

共情不是放任不管，听之任之。多听对方讲述，找出背后的原因，寻找更多的解决办法。当然，共情也不一定能解决行为上的问题。

做到共情之后，你要非常清楚，同理心是为帮助对方疏解情绪，是利他行为。但是，与此同时，你也因此与对方拉近了距离，得到对方认同与肯定，这就是"利己"。

人的价值是对别人有用，只有让别人用到你，你才能真正体现出价值。俗话说得很好，最好的"利己"一定是"利他"，只有"利他"才是有价值的。

同理心三步法非常简单，可以说通俗易懂。你对哪一步最有兴趣，准备学习和实践呢？

你注重的未必是上级想要的

我相信每个做下属的都心心念念，期望得到上级的肯定与欣赏。可是，只是站在自己的位置，从自己的角度去观察上级，显然出发点就是错的。

上级更看重下属哪些地方呢？下属如何才能让上级认可，奖励或提拔自己呢？

让我们看一个例子。

2011 年，日本福岛核电站发生泄漏事件。当时，在核泄漏之后 109 小时都没有睡过觉的一位政府发言人，进入了世人的眼帘。他就是当时在任的内阁官房长官枝野幸男。

及时公开消息，不念稿子，言辞坦率，是日本民众对枝野幸男的印象。枝野幸男在 29 岁时进入政坛，1996 年开始辅佐上级菅直人。2002 年，菅直人出任民主党党首，枝野幸男被委任为政策调查会长。2010 年 6 月，菅直人成为日本首相，枝野幸男任民主党干事长。2011 年 1 月，46 岁的枝野幸男终于进入内阁，成为菅直人的新内阁成员，担任内阁官房长官。按规定，在首相不能行使职务超过 5 天以上时，内阁官房长官可以代理首相职务。

在这次危机事件中，平均每三个小时，枝野幸男就要在台前向民众汇报核泄漏事件的最新消息，所以109小时没有睡觉。体贴的民众纷纷呼吁："枝野幸男快去睡觉。菅先生起床，该上班了！"

枝野幸男是菅直人的副手，从1996年开始，菅直人每次高升都会带着枝野幸男，枝野幸男被层层提拔。

枝野幸男令上级满意，这么多年来，只要上级升职他便会跟着升职。可想而知，他的工作能力肯定非常强，工作意愿也一定很高，工作也很努力。除此之外，下属还要做些什么，才能取得这么好的成就呢？

我查阅了大量国内外资料，与我国的职场特点相结合，最终总结出以下10条：

1. 下属有高效表现，努力超额完成工作任务。下属只有高标准完成工作任务，才能赢得上级认同。用行动说话，是下属在上级面前建立信誉的良好方式。

2. 上级不为下属的个人领域/专业担心，知道下属会做出什么样的成绩。上级对下属的工作比较熟悉，并充满信任。

3. 上级知道下属会重视组织中的政治因素，不会在政治上犯错误。

4. 上级信赖下属，把下属当作得力助手。最初试探，随着逐渐熟悉，彼此相互形成默契。

5. 把下属当作其他组织信息的来源。(前面我一再强调提升社会性能力，扩展人际关系。)

6. 下属能够随时发现问题并报告给上级，保证没有意外，能提供可靠的信息。下属擅长预测他人的反应，也能提出潜在的问题，并提醒上级。

7. 下属能在组织中代表上级，让上级有时间做更重要的事情。

8. 下属有创新精神，能提出新观点，在同事面前支持上级的决定。

9. 下属支持并鼓励上级，积极加入上级的"团队"。别忘了，上层领导总是孤独的。

10. 下属工作积极，勇于创新，能够防患于未然，工作主动。

以上 10 条内容，不是在岗位说明书中的要求，而下属对自己的高标准、严要求，是优秀人才的自律表现。

每个有自律能力的人都会感动身边的人，包括上级。在诸多下属里，仅有你表现得突出。业绩是一方面，能力是另一方面，而从细节中表现出的工作意愿，也就是态度，是最容易感动上级的，让上级看到你在努力。

上面 10 条内容，是我花费大量时间与精力所得，可以作为你

的行动指南。将上面提到的与自己的实际行动做比较，可以看出自己做得如何，从而改正自己的不足。这就是彼得·德鲁克最推崇的反馈比较法。

造就完美的人际关系

不断拓展人脉，加强与心仪者的关系，提高我们与人交往的社会性能力，最终能够使人际效能最大化，使我们获得成功。

基于此，需要从两方面来做，一方面是组织内部，另一方面是组织外部。

从组织内部来讲，需要"建立、维持、使用"完美的人际关系。

1. 你需要与各部门的人有意识地、有规划地建立关系。在"无用"的时候，关系往往才更容易结下真诚的种子。如果等到有需求时再去结交对方，反而很难达到目的。

2. 与他人建立关系之后，要有维持关系的心态。像微信朋友圈一样，常常为对方点赞，也是一种维持关系的行为。偶尔前往对方的网络个人空间，也是应该的。

3. 一定要有使用这个关系的想法与实践。关系是在互相帮助中建立的，你在某事上想到帮助我，我便在知道你有问题时，帮助你，这样彼此才能渐渐有关系。而实践的开始，是有这个想法，希望可以帮助他人，希望与他人建立更多的联系。

从组织外部来讲，需要"建立、保持、利用"完美的人际关系。

1. 你需要从各行各业去发展、建立朋友关系，拓展人脉。外

部行业对你而言，更多是陌生地带，这对你提升视野和格局都有帮助。在一个行业待久了，你的思维与认知会被屏蔽，跳出自己的本职工作，到外面看看，你更容易被激发，从而提升创新能力。

2. 你要与不同行业的人保持关系。对那些极为重要，可以帮你拓展人脉、知识、眼界、格局的朋友，要格外重视。不是所有人都值得你投入精力去发展关系，珍惜彼此的缘分，即使出现无法沟通的现象，也要尽量保持沉默，给足对方面子。

3. 与内部关系一样，要有意识地利用外部关系。人与人的关系是在不断互动中产生的，第一次了解，第二次正式相识，第三次熟悉，第四次就成为故友。以此类推，时间越久，人们之间越容易敞开心扉。在没有利益往来的情况下，人们更容易得到真诚的友谊。

发展关系，重要的不是时间，是规划。无论是内部还是外部关系，你都要付出精力、时间甚至金钱。规划是非常必要的，如果按每个月或半个月一次，有规律地组织一些活动，那么对你与朋友的关系是非常有帮助的。长久以往，你将不需要付出太多的精力与时间，因为在你没时间组织活动的时候，必然有人替你组织活动，暂时接替你的角色。这样下去，活动就会自动开展，成为人脉自然产生的渠道。你与你的朋友都会因此倍感轻松，在其中得到收获。

拓展人脉，应策略性地开展活动。所谓策略性，就是与不同特质、身份、地位的人，开展不同的活动，方法要有区别，要有的放矢，不能一锅烩。有人喜欢单独闲谈，有人喜欢一群人在一起，有人喜欢吃饭，有人喜欢品茶，对不同特点的人，要有不同的对待方式。活动目的是为建立与发展友谊，还是为某件事情进行协商或请托，需要采用不同的方式。

避免总跟同类人交往。人们都喜欢与自己类似的人。例如，你身边的几个好朋友有事没事都会问你："在干吗？吃了吗？去哪了？"这样的知己与你属于强关系。在通常情况下，你们的能力、眼界与格局都很相似。说得通俗点，你做不了的事情，他们通常也做不了，你可以做的，他们也可以做。在关键时刻，他们并不能帮上你。那时真正能帮上你的，往往是那些你不熟悉、不常来往、不知底细的"朋友"。他们与你是弱关系。这种朋友才能帮上你，因为你们的资源并不共享，彼此不了解，甚至可能不是同类人。

这个经验来源于我的一次无心尝试。近年来，我很少在微信朋友圈发消息，也很少关注朋友圈。我不认为关注微信朋友圈好或不好，只是感觉太浪费时间。

但是，很多时候，尤其在你需要朋友帮忙的时候，微信朋友圈里的朋友往往会给你带来意外的惊喜。

6年前的一次体检，我被查出肚子里长了一个良性囊肿。这个囊肿在肚子里没有任何感觉，我想等到过年的时候再去医院动手术，把它处理掉。

这是我的想法。事实上，北京的大医院很难顺利住进去。眼看年关将至，我的时间有限，真的着急，但跑了两家医院都没有找到病床。

无奈之下，我只好抱着尝试的态度，在微信朋友圈发了一个信息，内容是：求北京某医院某科室的床位。让我万万没想到的是，半小时之后，一个很多年没有联系的姐姐给我发微信说："罗老师，你去××医院，去找郭主任。他是我爱人，应该可以帮上你。"

第二天，我如约来到某医院，见到郭主任，成功办理住院手续。从住院到手术完成出院，一共三天，一切特别顺利。如果没有得到那位姐姐的帮助，我不可能如此顺利。出院之后，我在家休养，过年后继续工作，什么都没耽误。我把这一切功劳都算在那位姐姐身上。

那位姐姐就是我的弱关系，我不了解她的情况。虽然我们有过几次见面交流，但因为工作关系，平时大家各忙各的，所以很少有交往。

我相信，每个人身边都有这样的弱关系，在紧要关头可以帮

助你。只是我们忽略了，没有去发展这样的关系。弱关系也可能成为强关系，只要你有意识、有规划、有发展关系的想法，策略性地去运作，相信自己，你的人脉就会越来越广。

人际关系的主动熵减

"熵减"这个词，我相信对于多数人，都会觉得很陌生。它的反义词是"熵增"。清楚什么是熵增，你也就很容易明白什么是熵减了。

熵增是一个热力学词汇，表示一个有序的状态随着日积月累，逐渐变成了无序。而无序通常就是乱，没有规则，没有章法。这个时候，如果不加干涉，还会继续乱下去。我们的人生、时间、人脉、关系、身体、处处都符合这个规律。如果我们不主动做熵减，就会因为自然而然熵增，变得沉重不堪，最终导致消亡。

为了便于大家理解，我简单举一个例子。你从小到大，买过很多衣服。而你的衣橱的空间是固定不变的，不会随着你的个子变高、体重增加而变大。你的个子阶段性增高，往年的旧衣服会变小，没办法穿了，只能淘汰掉。这个时候，如果你不淘汰这些已经不能穿的衣服，把它们仍放在衣柜里，会怎样呢？

毫无疑问，用不了多久，衣柜就放不下新衣服了。而衣柜里

185

的那些旧衣服，是你再也不可能用到的。日积月累，每个人都如此，如果不打理衣柜，衣柜里的衣服必然变得无序。这时，你需要做的就是让衣柜再次变得有序，就是优化衣服，把不能穿的扔掉。这个不断优化的过程，你可以将其理解为不断更新，也就是熵减。

在组织刚开始建立的时候，部门的人很少，处理的文件也不多，一切都很简单。但随着业务增加，人也多了，相互之间的沟通也越来越复杂，越复杂越难以做决定，你被越来越多的信息淹没，而无法行动。这个时候，作为管理者，你意识到了问题的复杂性。最初的状态是有序的，你沉浸其中，之后的状态变得无序了，怎么办？这时候需要建立规章，让大家遵守，这就是抵抗熵增。在信息少的情况下，你很容易做决定，而信息增多会影响你的决策，这也是熵增。你需要主动做熵减。

人的身体也是如此。随着年岁增长，人的身体状态达到高峰，之后开始走下坡路。这时候，人就需要锻炼，如果不锻炼，身体零部件就会开始老化，出现熵增。锻炼的目的就是做熵减，维持人体有序的状态，而不是自然而然地任其受损。

早在1947年，薛定谔就曾指出：熵增过程必然体现在生命体系之中。人体是一个巨大的化学反应库，生命的代谢过程就建立在生物化学反应的基础上。

在人际关系层面，或许是我们将熵减做得最好的。从结交第一位朋友开始，你渐渐有了很多朋友。有些朋友因为与你话不投机，因为要去别的地方，因为人生选择不同，因为专业不同等原因，与你分开了。渐渐地，你会发现，到一定年龄，能够与你常联系、聊到一起的朋友，都是近年来结交的，儿时的伙伴已经很少来往了。

当你的能力提升时，你的人际关系也会发生一些改变，你会主动与需要发展的朋友多联系，这是在优化人脉。你一直在动态地主动做熵减。你没有"以不变应万变"，你知道自然而然只会有一个结果，那就是停滞不前，也就是熵增。

从某种角度来讲，生命的意义就在于具有抵抗自身熵增的能力，即具有熵减的能力。因为熵增是必然的，万事万物都在不断地由有序走向无序，最终走向死亡。而希望改变这种情况的唯一途径，就是主动而为，改变无序状态。你是不是一直在这样做呢?

混合式关系，给人留面子的要点

黄光国在其所著《人情与面子》一书中，一针见血地指出，全球华人都遵循人情与面子的社交法则。华人无论走到哪里，都

非常注重人情世故，非常看重面子。

人的一生，伴随左右的有三种关系，分别是工具性关系、情感关系、混合性关系。

一、工具性关系

我们可以将其理解为利益关系。例如，你去电影院看电影，你与电影院的工作人员之间的关系就是利益关系。你花钱看电影，他们提供影片、场地等。你的金钱换来了他们提供的精神享受，是完全对等的关系。你去商店买东西，你与商家的关系是工具性关系。这种关系很简单，相对公平，没有什么纠结可言，也无需花费时间与精力去琢磨，更多的是衡量投入与产出比，尽可能客观决策。这种关系在日常生活中比比皆是。

二、情感关系

与你有血缘关系或亲密关系的人，你们之间的关系都属于情感关系。这些人包括配偶、父母、兄弟、姐妹。在情感关系中，人们更多的是衡量彼此之间的情感投入。

情感关系在表面上遵循需求法则，实际上，也有彼此相互衡量之后的客观决策，弱势一方需要强势一方的支持。例如，小时候，父母对我们无私地关爱、养育。父母是强势一方，而我们是

弱势一方。长大之后，兄弟姐妹，谁家条件比较差，在关系好的情况下，条件好的一方就会帮助条件差的一方。父母年老之后需要照顾，在兄弟姐妹中，谁有时间就多帮忙，谁家富裕就多资助一些。

需求法则也会遇到亲情困境。例如，兄弟姐妹之间关系不好，就会相互衡量对父母的付出，计较谁付出得多少。在这样的纠缠中，就会形成亲情困境。

三、混合性关系

混合性关系，指人与人之间一半具有工具关系，一半具有情感关系。例如，同学、同事之间的关系都是混合性关系。这其中自然包括下属与上级的关系。大家在一起是为共同的志向与目标，付出与收获对等，有工具性特点；人与人在一起时间久了，相互产生感情，这就是情感关系的一面。

混合性关系，对常人来讲最麻烦，充满人情世故和需要遵循的法则，常常令人纠结，陷入困境。例如，请托者因为某事去找被请托者，被请托者考虑自己付出的代价、给对方提供的帮助，以及在请托者身上能实现的回报。如果回报小于付出的代价，那么被请托者很可能拒绝，或拖延不办。所以，请托者往往要给足被请托者面子。对被请托者，没"面子"的给"面子"，"面子"

少的给足"面子"，以此拉近关系，直至对方愿意给自己办事。

上下级之间属于混合性关系。请托者更可能是下属，被请托者更多是上级。为完成工作任务，下属难免遇到资源不足、人手不够、信息不全等情况。下属开口向上级请求帮助时，是否可以想一想如何令上级心甘情愿帮助你。在日常工作中，是否可以在言行上向上级表示尊重？是否可以在闲暇之余，和上级一起参加活动，让他更了解你？是否有更多的机会向上级展示你的才华？这一切能否实现，只在下属一念之间。再也不要把上级当普通同事看，让上级真正发挥他的"价值"。从这个维度上看，只有你说了算。

没有位高权重，三个步骤去"发展"权力基础

从进入职场开始，你就已经来到一个能力（本身具备）与实力（后天发展）都要比拼的竞技场中。很多人对此不以为然，因为他们并不想在职场中得到更高的发展。但也有些人，他们内心有冉冉升起的梦想，有宏伟的目标。他们希望通过职场实现更大的自我，有更好的明天。

于是，勤奋工作只是本分，超额、超标准完成任务才是他们的努力方向。他们平时吃苦耐劳，严格自律，期望早日通过自己的努

力，有所成就。然而，一个人单凭自己，走得慢，而且走不远。

基于对职场中人的研究，管理学大师约翰·科特提出了"权力基础"理论。所谓权力基础，就是在职场中，人们需要积累大量的职场岗位信息及相关知识，建立广泛的合作关系，大力提升个人的领导技能，设法掌控重要资源，拥有良好的工作履历，逐步能够承担重要的工作。

权力基础不仅来自内在的修为，更重要的是外在的拓展。在建立权力基础的初期，要想办法进入重要项目组或者在组织中具有战略意义的部门或岗位任职，因为只有在这种地方，你才容易被领导发现，进而通过自己的突出表现得到领导认可与赏识。

同时，你需要在建立权力基础的初期去结识一位"导师"，最好的导师人选是你的直接上级，最普遍的导师是资深的同事。结识导师的目的，是更多地寻求指点。在工作中，很多并不在表面上显示出来的东西，如组织或部门的潜规则与隐性文化等，你需要导师传授给你。

在建立权力基础的中期，你已经有了自己的位置，在职场中有了一席之地，在团队中有了一些影响力。这个时候，你需要在组织和更广的范围内发展人脉、结交朋友，巩固并扩大自己的"势力范围"，帮助更多的人。这是你的主要战略方向。

在建立权力基础的后期，你已经成为资深的团队领导，你不

仅要通过上级授权去培养人，还要更多地放权，让更多的人通过你给予的机会，也就是你的有心栽培，潜能得到更大的发挥，实现更多的梦想。也只有抱此心态，你才可能避免日后"人走茶凉"的现象。

在建立权力基础方面做得比较出色的人，他们最终一定能够成为企业中有影响力的领导。而那些日常并不注重权力基础，把精力放在别处，或只关心自己的人，无论天赋和努力如何，都不会成为一个优秀的领导者。

或许你此刻还没有任何行动，开始建立自己的权力基础，但一切都来得及。对部门的选择也许还要等待时机，眼下最好的行动是尽快寻找一位导师，结束自己单打独斗的现状，开启有盟友的职业生涯。

怎样达到上下级协作的最高境界

每位上级都是从做下属开始的，他们都曾经或至今都是好下属，至少在他们的上级眼里是这样。你要看看他们身上具备的优点、做事的风格，主动进行模仿，还要有超过他们（标准）的企图。

让我们看一个例子。

"二战"打响之时，在菲律宾做美军最高统帅的道格拉斯·麦克阿瑟将军，有一位非常有名的下属，就是他的参谋德怀特·艾森豪威尔。艾森豪威尔在历史上非常有名，甚至后来超越了他的上级麦克阿瑟。

一天，艾森豪威尔跑去找麦克阿瑟，他说："将军，我不想在这里工作了。我是军人，我想上战场。现在战争打响了，我已经40岁了，如果还一直在这里享受安宁的日子，我永远不可能有上战场的机会了，我这一生可能都没有什么机会了。"

麦克阿瑟听完艾森豪威尔的话之后，什么话都没说就离开了。他知道艾森豪威尔想离开，这本身没错，但他不想让他离开，只是没有找到好的理由挽留他。他想找到更好的理由后再提出来。

麦克阿瑟回到家之后，他的妻子看出他不开心，问他到底发生了什么事情。麦克阿瑟就把艾森豪威尔要离开的事情告诉了她。他的妻子说："这不是很简单吗？军人以服从命令为天职，你有什么可顾虑的，你不让他走就是了。"

麦克阿瑟说："不，你错了，我不想勉强艾森豪威尔。我知道他说得对，我只是舍不得他离开。艾森豪威尔是人才，但对我而言，更希望他是能留在我身边的人才。"

后来的事情，大家都知道了，麦克阿瑟同意艾森豪威尔离开。爱森豪威尔回到美国总部，被马歇尔将军看中，后来成为欧洲盟军最高指挥官，指挥诺曼底登陆战役取得成功，后参加美国总统竞选，成为美国总统。

回顾艾森豪威尔的成功履历，不难发现，他的起点不高。从西点军校毕业后，他从基层做起，一步步提升。他最大的优点是计划与执行能力强，情绪处理能力超强，情商极高（与历任上级的关系都非常好）。一个人成为具有这些优势的下属并不容易，需要主观意识和能力的提升，更需要有自知之明。

请你心情平静、没有任何情绪，面对真实的自我，看一下下面表中的内容，检验一下自己是什么水平，与什么层级对应。

下属的不同状态

事　情	类　别			
	应淘汰	可增加培训	可胜任工作	可提拔
下属知道什么时候做什么事情	上级需全面交代	需上级辅导	需上级提醒	提醒上级
知道如何去做事	上级需反复讲授	需上级辅导	上级会检查	完善上级计划
制订行动计划	上级给予训练	需上级辅导	上级解答	完善上级计划
懂得激励团队	上级费心帮助	需上级帮忙	上级省心	为上级输送人才

续表

事　情	类　别			
	应淘汰	可增加培训	可胜任工作	可提拔
知道如何解决资源问题	变成无法完成工作的借口	等上级指令	要求上级帮助去做	主动争取到更多资源
能够及时交出成果	需上级督促工作	需上级帮助	符合上级要求	超出上级要求

　　此表内容参考保罗·赫塞的《情景领导》一书提出的两个维度，一个是下属的工作能力与意愿，另一个是自信程度。

　　应淘汰的下属显然是最差的，消极被动，能力差，表现差，也没有学习或尝试的意愿，那么就没有留下的必要，劝退即可。

　　需要培训的下属，往往能力不够，但工作意愿是有的，也有完成工作的信心。经过上级或主管领导的培训与指点后，再做决定。

　　可胜任工作的下属，有能力，也有意愿，只是自信差一些，经过上级教练似的辅导与指点，相信会慢慢好起来，所以是可以胜任的。

　　可提拔的下属，一定有能力，有意愿，也有完成任务的信心，这样的下属才是组织不可多得的人才。这样下属，不仅有清晰的目标，知道自己要什么，更了解自己的每一步应该怎么走。

　　他们的表现常常是：能吃苦，能挨（客户或上级）骂，能受

委屈，能听懂（他人）话，能沉住气。这种人在上级眼里不仅是有用、可用之才，更是靠得住的人选。

看过上面的内容，经过分析之后，想必你对自己已经有了清晰的定位。请问：你怎样才能做得更好？

逆向管理才能成就自己

20多年来,我参加工作,经历外企与国企,再通过向企业提供管理咨询服务,感受并清楚了解了各种类型企业的人际关系。你或许会说,现在时代变了,风气也变了。但是,我要说,人与人之间的关系准则一切如常,从未改变。

一、逆向管理,主动性很重要

养成主动心态,积极行动,最终才能得到你想要的结果。

当代社会是一个对敢于包装自己的人更有善意的时代。不信,你去看看网络上的许多主播、各种大V,他们都有一个优势:对目标紧盯不放,快速行动,得到结果。他们的主动性极强,行动快速。而主动性,说的就是行动。

二、逆向管理，只与自己有关

通常来说，下属是弱势群体，无法掌握最终结果，但可以通过自己的计划与行动，促使上级与自己形成默契，包括让外部"环境"能为自己所用。

某知名英语教育机构的CEO曾经说："我国当代女性太拜金，所以导致社会缺乏精神文明。"此观点引发热议，被众多人批判。从理解他的角度出发，作为男性，他可能被周围的女性掌控或"算计"过，才会有这样的怨言。

相比男性，女性是弱势群体。假如有身处强势地位的人投诉弱势群体，可想而知背后的隐情，换言之，他周围的弱势群体非常成功。

三、逆向管理，需因地制宜

不是所有上级都需要逆向管理。有些上级在管理方面出类拔萃，对下属的情况不仅非常了解，还会主动针对下属的情况，有针对性地帮助其提升。这种上级已经做得很好，不需要下属去逆向管理。

四、逆向管理，拒绝冲动

有些下属因为学习了逆向管理，就希望给上级露一手，好比

"手里拿了一把锤子，到处找钉子"。

这种心态可以理解，但其行动无法支持。要知道，任何行动背后都要有动机，而动机的支撑点是你的目标。先去做一位默默无闻的旁观者，在了解清楚上级之后，再考虑如何行动，这才是上策。

五、逆向管理，拒绝无底线滥用

本书讲到的关于上级的内容，是源自心理学对人的内在层次的解析，并非随意捏造与拼凑。在实践中，你或许遇到上级的行为无法理解，那就要想办法建立信任之后，再慢慢了解。不可心急，或毫无底线地关注上级的个人隐私，企图挖出更多内幕，这都是过犹不及的。要知道，这种行为不会让人开心。人与人之间要有界限，要有分寸。

双方有默契，才是完美的关系

无论此刻你与上级的关系如何，请一定相信，世上一定有完美的上下级关系。上下级之间相互猜忌，甚至发生冲突，这些都是必然的。试想，人们来自五湖四海，有各种各样的差异，在某个平台上相遇，为一个共同的目标努力，相互之间的磨合是一定会经历的。

从彼此不了解到了解，从了解到全面了解，人们相互之间渐渐有了更多的理解与体谅。于是，完美的关系也就在路上形成了。

那么，完美关系有哪些特点呢？它包括以下 8 个方面。

1. 完美的上下级关系，一定不是长久表现为下属弱、上级强的局面，而是双方都致力于组织整体目标和双方共同的成功。如果上级只为自己的利益着想，下属只考虑现在的收益，两者很难有共同的成就可言。

2. 完美的上下级关系的出发点是帮助对方，帮助组织，而非仅看重自己。双方都会帮对方考虑，想要共同完成具有挑战性的工作或项目。

3. 下属提升自己的格局，有远见，不会总是等待上级吩咐。下属具有一定的对问题的理解与前瞻性的分析能力，不会等待上级告诉自己应该做什么，或者为什么做，如何做。

4. 下属鼓励上级对其坦诚，不需用暗示等方式进行交流，直接明白地进行沟通。当然，能这样直言的前提是，双方已经有了很大的信任，否则上级会对下属不满。

5. 双方的信息高度透明，遇到困难与问题一定会相互表明对对方的期望，而非让对方猜测自己的意思。

6. 即使在工作中遇到不可抗力或困难，造成无法挽回的后果，相互也会理解，不会因为紧张局势失去一方，能够做到不离不弃。

7. 双方能接受彼此的地位差异而有默契地工作，外在的职位差别并不能影响合作伙伴的本质关系。在本书中，我一再强调下属要尊重上级，那是因为成熟的上级总是比下属更能体现出绅士风度，至少更能做出尊重下属的行为。"单纯"的下属，常常本色出演，做出事来令人瞠目结舌，对他人的感受更是不管不顾。

8. 上下级之间保持彼此满意的亲密程度，并非完全不愿在对方面前示弱，而是真实、坦诚地面对对方，没有任何隐瞒，真正做到从相识到相知。

现在的社会，各种价值观充斥，人们受到各种各样观点的挤压。多元意味着宽泛，与单一的纯粹截然不同，更为复杂，让人难以理解。

职场中人的思想同样遭受着冲击，在日常工作中偶尔出现的令人难以理解的突发状况，便是在提醒你这一点。时代在变化，文化在发展，我们也要顺应潮流，对符合潮流的东西给予更多的赞赏与肯定。

达成一个共同目标，相互需要妥协，要在意对方。有舍有得，舍的是小情怀，得到的是双方共赢。

让上级按照自己的方式行事

俗话说：“爱人如人所愿。”我们常常习惯按照自己认为好的方式去行事，认为这是发自内心地为对方着想，对方应该接受。

让我们看一个例子。

邻居的孩子高考后选择了艺术学校。邻居认为孩子不懂事，因为艺术专业的毕业生未来的发展非常有限。邻居认为孩子选择理科专业才是正道。可是，孩子对理科专业没有兴趣。

于是，双方在表达完自己的观点之后，发生了严重的争执。孩子坚持自己的选择，认为未来的路是自己走的，家长无论如何替代不了。家长认为孩子不成熟，对社会完全不了解，学习艺术专业，未来恐怕生计都会有问题。

家长对孩子是真爱，所以坚持自己的观点，认为这样才是正确的。家长用他觉得正确的方式对待，是对孩子好。

孩子有理想，有对未来的憧憬。他坚持自己的观点，认为只有自己喜欢的才能坚持，也是对自己好。

两个人都没有错。他们都从自己的角度得到答案，但这是错的。爱人，就要按照对方认为对的方式，而非按照自己觉得对的方式。

上下级之间同样如此。下属不要总以自己认为正确的方式去校准上级。如果真心希望与上级形成相知、默契、完美的关系的话，就要充分考虑对方的感受。"爱人如人所愿"，爱上级如上级所愿，按照上级觉得对的方式去"爱"上级。

最后，祝愿看到此处的你，与上级的关系完美，实现最好的自己!

逆向管理行动表

读完本书，我相信你已经迫不及待地想去实践逆向管理、在成功的路上飞奔了。

且慢！你应该首先反省下之前做得怎么样、在哪些细节上有问题，再有针对性地改善和提高。

在此，我附上下面这张表格，希望对你有所帮助。

问　　题	答　　案	行　　动
我意识到上级对我的具体期望了吗？		
这些期望公平、现实吗？		
上级意识到我对他的期望和我可能需要的组员了吗？		
上级对我过去所做的工作知道多少？如果他知之甚少，如何纠正？		
我们日常相处如何，有需要解决的冲突或问题吗？		
我们的关系建立在信任的基础上吗？		
我是一个值得信任的伙伴吗？我履行承诺了吗？		
与别人谈论时，我对上级表示支持吗？		
我积极行动、承担维护这种关系的基本责任了吗？		
我还可以做些什么来更有效地支持上级的工作？		

表格来源：彼得·德鲁克学院